1 MONTH OF
FREE
READING

at

www.ForgottenBooks.com

By purchasing this book you are eligible for one month membership to ForgottenBooks.com, giving you unlimited access to our entire collection of over 700,000 titles via our web site and mobile apps.

To claim your free month visit:
www.forgottenbooks.com/free932953

ISBN 978-0-260-18315-6
PIBN 10932953

AVERTISSEMENT.

Personne n'ignore les évènemens qui donnè-
rent lieu à la bataille de Marathon, et qui
suivirent cette mémorable journée. On sait
qu'Hippias, fils du tyran Pisistrate, ayant
été forcé de quitter Athènes quelque tems
après la mort du d'Hipparque son frère tué
par Harmodius et Aristogiton, il se réfugia
avec sa famille chez les Perses, et qu'il parvint
à obtenir de Darius une armée pour venir
soumettre les Athéniens. Les Perses, comman-
dés par Datys et Artaphernes et conduits par
Hippias, après avoir pris et saccagé toutes
les villes qu'ils trouvèrent sur leur route,
débarquèrent dans l'Attique et vinrent au
nombre de plus de 200 mille camper à Marathon à quelques licues d'Athènes. Les Athéniens abandonnés de tous leurs alliés, excepté des Platéens, marchèrent au nombre
de dix mille à la rencontre des Perses, les
défirent et les forcèrent de remonter en grand
désordre sur leurs vaisseaux. Toutes les cir-
constances qui accompagnèrent ou suivirent
ce combat sont connues. Le caractère des
personnages qui s'y distinguèrent a été tracé
par Hérodote, Plutarque et la plupart des
grands écrivains de l'antiquité. Miltiades
gagna la bataille de Marathon. Mais Thé-

mistocles , qui contribua beaucoup à son succès , fut celui dont le génie , la prévoyance et
les étonnantes ressources sauvèrent ensuite la
liberté de toute la Grèce , lorsque Xercès
vint fondre sur elle avec une flotte de 1200
voiles et une armée de 17 cent mille soldats.
Plutarque dit que la jeunesse de Thémistocles fut très-orageuse , mais que tout-à-coup
il abandonna les plaisirs pour ne plus s'occuper que du gouvernement de la chose publique. « Les premiers mouvemens et dépor-
» temens de sa jeunesse furent fort divers ,
» comme de celui qui se laissoit aller où le
» poussoit l'impétuosité de sa nature , sans la
» régler et guider avec le jugement de la
» raison : dont il advenoit qu'elle produisoit
» de grands changemens de façons de faire
» et de mœurs en l'une et l'autre partie et
» bien souvent au pire , comme lui-même
» confessa depuis, disant que les plus rebours
» et les plus farouches poulains sont ceux ,
» qui à la fin deviennent les meilleurs che-
» vaux quand ils sont domptés , faits et dres-
» sés comme il appartient ». (Plut. vie de
Themist. trad. d'Amyot.) Ainsi tout justifie
les soupçons que ses mouvemens inspirent
dans la pièce , et les événemens prouvèrent
qu'il ne s'étoit pas trompé dans les desseins
qu'il avoit formés pour écarter de sa patrie
les malheurs qui la menaçoient.

J'ai voulu , en conservant, autant qu'il
m'a été possible , la fidélité de l'histoire ,
offrir un modèle à mes concitoyens en leur
montrant un peuple qui , dans la situation
la plus désespérante , voyant à chaque moment ses dangers augmenter et ses ressources
disparoître , prend avec tout le sang froid du
courage des résolutions justes, grandes et dignes
des hommes extraordinaires qui parurent à
cette époque. J'ai cru que, dans une pièce de
ce genre, il ne devoit y avoir qu'un seul intérêt, celui de sauver la patrie et de conserver
la liberté. J'ai cru que l'intrigue devoit être
très-simple et que , bien que les événemens
se pressassent , l'action devoit se développer
lentement et avec la dignité d'un peuple vraiment libre qui ne craint que les traîtres et
qui est résolu à tout sacrifier plutôt que de
retomber dans la servitude. Peut-être n'y a-
t-il pas assez de ce fracas , de ces coups
brusques et inattendus, qui sont devenus si
communs dans les pièces modernes, qu'ils paroissent aujourd'hui nécessaires au succès
de leur représentation. Je livre la mienne à
l'impression, persuadé que si le public juge
qu'elle mérite d'être jouée , il ne manquera
pas de spectacles qui s'empresseront de satis-
faire sa curiosité.

PERSONNAGES.

CALLIMAQUE , Polemarque d'Athènes.

MILTIADES ,
ARISTIDES ,
THÉMISTOCLES , } Généraux de l'armée.
ANTHISTENES ,

MNÉSIPHILE , Philosophe , instituteur de la jeunesse.

UN ENVOYÉ des Perses.

UN PRÊTRE de Minerve.

TRASYMAQUE , officier de soldats.

EUTERPE , mère de THÉMISTOCLES.

Deux jeunes Athéniens.

Le peuple d'Athènes.

Un vieillard.

Les Lacédémoniens et leur général.

Un esclave et d'autres personnages muets.

La scène est à Athènes.

Le Théâtre représente dans le fond une place publique. Sur les côtés , à droite , la façade d'un temple où sont les statues d'Harmodius et d'Aristogiton. A gauche le portique d'un édifice qu'on suppose être la salle du conseil.

LA JOURNÉE

DE

MARATHON,

OU

LE TRIOMPHE DE LA LIBERTÉ.

ACTE PREMIER.

SCÈNE PREMIÈRE.

CALLIMAQUE, MILTIADES.

MILTIADES.

Il n'est plus tems, ô Callimaque, de se dissimuler
la situation de notre patrie, et les malheurs dont elle
est menacée. Les Pisistratides sont enfin parvenus à armer les Perses contre la liberté d'Athènes. Long-tems
Hippias et ses amis ont en vain parcouru les villes de
la Grèce, cherchant à exciter contre nous la haine de
nos anciens rivaux. La cause d'un tyran ne put trouver
de défenseurs chez des peuples généreux qui, tous,
ont conquis leur liberté et qui, malgré leurs ressentimens, rougiroient d'aider quelques ambitieux à
nous ravir la nôtre. Mais les peuples de l'Asie, accoutumés à être gouvernés par un sceptre de fer, esclaves de leurs rois, de leurs satrapes, de leurs

mages, et de tous les imposteurs qui, tour à tour, employent la force ou l'adresse pour asservir la terre, les peuples de l'Asie n'ont pu souffrir que la liberté s'établît et régnât seule dans la Grèce. Ils ont accueilli avec transport Hippias et sa famille. Ils lui prodiguent leurs trésors ; ils s'arment pour sa défense ; tout l'Orient s'ébranle et vient fondre sur une seule ville de l'Attique. Deux cens mille soldats sont rassemblés des bords de l'Euphrate, jusqu'aux rivages de l'Ionie pour venir se baigner dans notre sang, ou nous faire partager les fers qu'ils portent. Déjà Naxos, Cariste, Délos et toutes les îles de la mer Egée sont réduites en cendres, ou asservies sous leur puissance. Déjà Datys et Artaphernes se sont approchés d'Erétrie. Leur nombreuse armée environne et presse ses murailles. Les momens sont précieux. Si Erétrie succombe, il ne fant aux Perses que quelques jours pour paroître sous les murs d'Athènes. Quelle est dans ce moment la contenance du peuple ? L'amour de la liberté va-t-il enfanter des prodiges ? que feront les Athéniens ? croyez-vous que leur petit nombre ose se mesurer avec des armées aussi formidables ?

CALLIMAQUE.

Le peuple d'Athènes a connu le prix de la liberté; il périra plutôt que de la perdre. Les forces de ses ennemis lui inspirent moins de crainte qu'elles n'animent son courage. Depuis le généreux dévouement d'Harmodius et d'Aristogiton qui, au mépris de leurs jours, nous ont délivrés de la tyrannie des Pisistratides, les Athéniens sont devenus d'autres hommes. Ils connoissent maintenant une patrie. Ils la servent

parce qu'ils l'aiment. C'est pour elle et non pour des
maîtres qu'ils combattent. Ils sont prêts à s'ensevelir
sous ses ruines. Mais ils ont confiance dans la justice
de leur cause. Ils espèrent sur-tout dans votre valeur
et dans votre expérience. Votre nom vole de bouche
en bouche. Il excite , il encourage tous les citoyens.
Jamais les Athéniens ne désespéreront de la victoire
tant qu'ils se flatteront d'avoir Miltiades à leur tête.

M I L T I A D E S.

Je n'ambitionne point l'honneur du commandement.
Lorsque tous les citoyens sont égaux, il importe peu
dans quel rang on serve sa patrie. Tous les postes
sont honorables pourvu qu'on lui soit utile. Digne
magistrat du peuple , honoré du suffrage de vos
concitoyens pour présider ici dans la paix, et occuper un des premiers postes à la guerre , si les vertus
et le courage donnoient la préférence, c'est à vous
qu'il appartiendroit de conduire les Athéniens au
combat. Mais oublions nos intérêts et tout ce qui ne
regarde que notre propre gloire. C'est d'Athènes ,
c'est de son salut qu'il faut s'occuper en ce moment.
Quelques redoutables que soient les armées des
Perses, je crains moins nos ennemis que nous mêmes.
Les Pisistratides ont conservé dans ces murs un grand
nombre de partisans. Vous savez qu'il est encore au
milieu de nous beaucoup de ces hommes qui aiment
mieux ramper dans la servitude des cours, encenser
le caprice d'un maître , et tout obtenir de la bassesse
et de l'intrigue, que de devoir leur illustration au
choix du peuple et aux services que chaque citoyen
doit lui rendre. Je crains ce Polémon qui n'a d'autre.

l'autorité que la loi me confie pour les contenir dans l'obéissance et dans le devoir.

MILTIADES.

Deux hommes cependant doivent occuper vos soins et pourroient se dérober à votre vigilance. Je suis loin de les confondre avec ces traîtres dont on se défie et qu'on méprise. C'est de ces deux hommes peut-être que doit dépendre un jour le sort d'Athènes et celui de toute la Grèce. Jeunes encore, ils ont laissé bien loin derrière eux tout ce qui peut prétendre à la célébrité. Avides de succès et de gloire, ils peuvent tout oser, tout entreprendre et tout exécuter. L'un est froid et réservé; l'autre bouillant et impétueux; ils n'emploieront pas les mêmes moyens; mais tous deux brûlent de se distinguer et veulent parvenir. Leur ambition m'effraye; leur courage, leurs talens, leurs vertus mêmes doivent inspirer de l'inquiétude. Ils seront l'honneur ou le fléau de leur patrie. Croyez-en, Callimaque, mon âge et mon expérience. Ils sont à peine sortis de l'enfance; mais à moins que la mort ne termine avant le tems leur carrière, ils rempliront bientôt la terre du bruit de leur renommée. L'univers périra avant qu'on ait oublié les noms d'Aristides et de Thémistocles.

CALLIMAQUE.

Je sais que les partisans d'Hippias tendent des pièges à leur jeunesse. Ils cherchent à les séduire par l'espoir des récompenses. Ils offrent à leur imagination la pompe qui environne les cours et les honneurs que

MILTIADES.

Athènes peut compter sur votre zèle et s'en reposer sur votre vigilance. Jamais un plus grand danger n'a menacé ses murs, mais jamais on ne fera d'aussi généreux efforts pour sauver sa patrie. Sans doute, vous avez envoyé des ministres fidèles pour solliciter de nos alliés les secours que nous avons droit d'attendre de leur attachement et même de leur reconnoissance ? Sparte seule pourroit se réjouir de la chûte d'Athènes. Elle voit en nous des rivaux qui s'opposent à son ambition et qui l'empêchent de dominer sur la Grèce. Mais Egine, Platée, Thèbes et Corynthe ne peuvent voir avec indifférence le triomphe des Perses. La liberté de ces peuples tomberoit avec la nôtre ; et ils ne seront pas assez lâches pour se soumettre, lorsqu'avec nous ils peuvent encore se défendre.

CALLIMAQUE.

Anthistènes, Eschyles et Stésilée parcourent en ce moment les villes de l'Attique et celles de la Béotie. Philippides a volé vers le Peloponèse et doit être maintenant rendu dans Lacédémone. Il employera tout pour vaincre les obstacles que de longs ressentimens pourroient opposer à l'union de Sparte et d'Athènes. Les Lacédémoniens sont depuis long-tems nos ennemis. Ils verroient peut-être avec jalousie notre aggrandissement formé par des conquêtes; mais ils sont braves et généreux. Ils ne souffriront pas que nos champs soient ravagés, et nos murs détruits par des barbares. La plupart de ces secours doivent bientôt arriver dans Athènes. Les murs d'Erétrie sont

forts et défendus par un peuple courageux. Cette
ville doit arrêter long-tems les efforts des Perses,
et les empêchera de pénétrer dans l'Attique, avant
que nous soyons prêts pour une vigoureuse résistance.

MILTIADES.

Il ne faudra pas attendre que les Perses viennent
nous assiéger à notre tour dans ces murailles. Aussi-tôt
que nous aurons reçu les secours que nous attendons,
nous rassemblerons toutes nos forces, nous les uni-
rons à celles de nos alliés, et nous marcherons à la
défense d'Erétrie.... Mais j'apperçois Trasymaque.
Son air troublé, sa marche précipitée semblent annoncer quelque nouveau malheur

SCÊNE II.

CALLIMAQUE, MILTIADES, TRASYMAQUE.

TRASYMAQUE, s'adressant au POLEMARQUE.

Seigneur, un envoyé des Perses attend aux portes
de la ville, et demande à être admis en votre présence. L'alarme et l'épouvante sont répandues dans
toute l'Attique. La flotte innombrable des Perses a
paru sur ses bords. Le peuple des campagnes se précipite dans nos murailles. Tous annoncent, tous
pleurent la prise et la ruine d'Erétrie. On dit que
Tamynes, Chœrées, Egilies sont en cendres, et on
craint qu'avant la fin du jour les ennemis ne soient
au pied des murs d'Athènes.

CALLIMAQUE.

Quoi ! si peu de jours ont suffi aux Perses pour une conquête aussi difficile ! eh ! qu'est donc devenu le courage des Grecs, et l'antique honneur des habitans d'Erétrie ?

TRASYMAQUE.

Des traîtres ont livré une des portes de la ville. Gagnés par les promesses de Datys, et éblouis par les récompenses qu'ils attendent de la magnificence du roi des Perses, ils ont consenti à la ruine de leur patrie, et à l'esclavage de leurs concitoyens.

CALLIMAQUE.

Il suffit, Trasymaque; faites entrer l'envoyé des Perses, et veillez à ce qu'il ne puisse, en traversant la ville, communiquer avec personne. Que le peuple s'assemble, et se rende ici sur vos traces. Ce n'est qu'en sa présence qu'il m'est permis d'entretenir l'envoyé de ses ennemis.

SCÈNE III.

CALLIMAQUE, MILTIADES.

MILTIADES.

Cet événement inattendu va précipiter nos résolutions, et nous forcer de prendre des mesures extraordinaires. Le sort d'Erétrie rend légitime tout ce que nous entreprendrons pour la sûreté d'Athènes. Vous voyez ce qu'a produit une coupable indulgence. Eclairés par le malheur des autres, sachons profiter de leurs fautes pour ne pas les imiter.

CALLIMAQUE.

Dieux ! nous auriez-vous réservé le malheur et la honte d'Erétrie ! faudra-t-il donc revoir le peuple d'Athènes avili de nouveau sous des tyrans, toutes les places, tous les honneurs devenir le patrimoine d'un petit nombre d'usurpateurs ? faudra-t-il voir renaître cette longue suite de vexations, d'horreurs, et de turpitudes dont nous avons été les témoins, et dont l'état est encore la victime ! Ah ! la mort est mille fois préférable ; et si le ciel a voulu que la tyrannie l'emporte et qu'Hyppias triomphe, périssons avant de consentir à l'asservissement, et à l'opprobre d'Athènes.

MILTIADES.

Eh ! Depuis quand l'intrépide Callimaque désespère-t-il du salut de sa patrie ? Sommes-nous donc moins courageux que les Scythes devant qui Darius lui-même a pris lâchement la fuite, et vu périr la moitié de son armée ? Dix mille citoyens réunis pour la défense de leurs foyers, voués à la victoire ou à la mort, animés de ce sentiment énergique que donne l'amour de la liberté et qui double les facultés de l'homme, dix mille Athéniens ne vaudront-ils pas bien des troupeaux d'esclaves rassemblés au hasard dans toutes les contrées de l'Asie ? Ce n'est pas à nous, c'est aux tyrans à trembler. Leur trône est peut-être moins sûr que la liberté de la Grèce.

Grèce. J'ignore ce que vient nous proposer l'envoyé
des Perses. Mais quelques soient ses offres , quelqu'in-
sidieuses que soient ses promesses , jurons, Callimaque , de ne pas souffrir qu'on attente à la souveraineté du peuple, et à la sainteté des loix qui nous
gouvernent. Jurons de ne faire aucun pacte avec la
tyrannie , et de ne recevoir les Pisistratides que
comme de simples citoyens et les égaux de ce qu'ils
appelloient autrefois le dernier des Athéniens.

CALLIMAQUE.

Que j'aime votre confiance et votre audace généreuses. Tous les sentimens de votre ame ont passé
dans la mienne. Oui je jure avec vous de repousser
les tyrans, et de conserver à ma patrie son territoire , ses loix , son gouvernement et sa gloire.
(*Tous deux s'avancent vers les statues d'Harmodius et
d'Aristogiton*) Ombres d'Harmodius et d'Aristogiton , illustres victimes dévouées à la liberté de votre
pays , vous dont le sang demande ici une éclatante
vengeance, recevez nos sermens ; non , vous ne verrez
point les tyrans souiller ces murs de leur présence,
et venir insulter à votre mémoire. L'un d'eux est
mort sous vos coups , l'autre périra sous les nôtres.
Nous jurons d'être dignes de vous, de votre courage,
et de la liberté qui vous a coûté la vie.

SCÈNE IV.

CALLIMAQUE, MILTIADES., L'ENVOYÉ DES PERSES CONDUITS PAR TRASYMAQUE, A L'ASSEMBLÉE DU PEUPLE.

L'ENVOYÉ *s'adressant au Polémarque.*

Je viens, chargé des volontés du plus puissant des Rois de l'Asie, annoncer à la ville d'Athènes, qu'elle peut encore espérer de désarmer sa colère et de détourner les effets de sa vengeance. J'apporte ici les conditions de la paix ou de la guerre, et il va dépendre de vous d'accepter l'alliance ou de combattre les armées du roi des Perses. . . . . Mais ne puis-je en secret vous entretenir un moment? Quelques soient les bornes de l'autorité que le peuple vous a confiée, sans doute il n'a pas prétendu se réserver le droit d'assister au conseil des rois et de délibérer sur les secrets de l'Etat. Que vous soyez ici Archonte, Polémarque ou simple chef d'une ville échappée au joug des loix et encore livrée à l'anarchie, je dois conférer avec vous sur des objets importans et qui ne peuvent-être soumis à l'indiscrette curiosité du vulgaire. Faites écarter cette multitude. Il lui suffira d'apprendre ce que vous aurez avec moi décidé sur les véritables intérêts d'Athènes.

CALLIMAQUE.

Elevé dans la cour des despotes de l'Asie, accou

à ne voir par-tout qu'un maître et des esclaves ;
jeut vous pardonner de méconnoître les droits
euple et de ne pas être frappé de la majesté dé
ssemblées. Chez les Perses, la volonté d'un seul
ne sert de loi pour la nation entière. Il dispose
ré de son ambition de la vie et du rang de ses
lés, et le caprice d'une femme, l'orgueil d'un
stre, ou les viles passions de ces hommes cor-
us dont toutes les cours abondent, décident
jue toujours de la destinée et des intérêts de
ire. Ici le peuple est maître et le seul souverain.
onné ne connoît au dessus de soi que la loi qu'il
e et le magistrat qu'il a librement élu pour la
exécuter. C'est par le choix du peuple que je
de ses assemblées. Il ne m'appartient que de
oter les voix et de recueillir les suffrages. Et
qu'il plaît à un monarque de l'Asie de se mêler
ntérêts d'une nation de la Grèce, c'est avec le
le d'Athènes que doit traiter directement
oyé du roi des Perses.

L' E N V O Y É.

ce discours hautain, à cette superbe réponse,
roiroit que le magistrat et le peuple d'Athènes
avent pas encore que la moitié de l'Attique est
erte de nos armées, qu'Erétrie est en cendres,
ses habitans sont enchaînés sur nos vaisseaux et
deux cens mille Perses seront bientôt aux portes
hènes. Je veux bien vous l'apprendre, et, quoi-
je pûsse aisément confondre les orgueilleuses
entions d'une multitude que des factieux égarent,

CALLIMAQUE.

La protection des tyrans est un opprobre et conduit bientôt à la servitude. Athènes n'a besoin, pour
devenir heureuse et puissante, ni de l'alliance de
Darius, ni de la domination des Pisistratides. Leur
père fût un adroit usurpateur. Il conserva, par sa feinte
douceur, le pouvoir que ses enfans ont perdu par
leurs fureurs sanguinaires. Deux héros, dont la mémoire doit se trouver honorée de vos outrages, ont
puni, dans Hipparque, l'oppresseur et le fléau de sa
patrie. Les Athéniens ont reconquis leur liberté ; je
ne crains pas qu'ils me désavouent, vous pouvez dire
au roi des Perses qu'ils ne la perdront plus qu'avec
la vie.

LE PEUPLE.

Le peuple d'Athènes est libre. Il ne veut plus de
maître. Point de Pisistratides.

L'ENVOYÉ.

J'excuse dans un peuple séduit, et dont on exalte
les espérances, un refus dont il ne prévoit pas les
dangers. Mais ses chefs devroient parler un autre
langage. Ils savent que la fierté sied mal à la foiblesse
et que l'ostentation ne donne pas la puissance. Sans
doute leur prudence va corriger ces premiers élans
d'une ardeur présomptueuse. Ils connoissent la mesure de leurs forces. Ils ne me forceront pas de leur
rappeller que ce que j'offre maintenant, ce soir
peut-être ils le demanderont en vain, il ne sera

plus tems de l'obtenir. A moins qu'aveuglés sur les
malheurs qui vous menacent, vous n'ayez conçu le
fol espoir de braver la puissance de Darius et de
résister avec quelques soldats aux forces réunies de
toutes les nations de l'Asie.

CALLIMAQUE.

Vous ne connoissez pas ce que peut chez un
peuple généreux cette confiance dans ses propres
forces, cette fierté magnanime qui attend tout de
son courage et préfère la mort à l'ignominie. Oui,
nous les combattrons tous ces peuples ligués contre
la liberté de la Grèce, et si c'est sur le nombre de
vos soldats qu'Hippias et sa famille fondent leurs
espérances pour rentrer dans ces murs et faire
renaître la tyrannie, ils apprendront que des mil-
lions d'esclaves soudoyés ne valent pas une poignée
de citoyens qui combattent pour le salut de leur
patrie et la défense de leur liberté. Envoyé des
Perses, voici la dernière réponse que vous adresse
par ma voix le peuple d'Athènes. Les Pisistratides
ne rentreront dans cette ville que lorsqu'ils auront
mis bas les armes et que les Perses remontés sur
leurs vaisseaux auront abandonné notre territoire,
ils ne jouiront d'aucune supériorité sur le reste de
leurs concitoyens. Mais tous égaux sous l'empire de
la loi, ils jureront avec nous de ne connoître
qu'elle pour maître et de ne jamais rien entreprendre contre la volonté du peuple à qui seul appartient l'empire et la souveraineté. A ces conditions
ils pourront revoir leur patrie, y mener une vie

honorable et tranquille et être enseveli̇s dans le
tombeau de leurs ancêtres. Si leur ambition n'est
point satisfaite, s'ils conservent le désir de nous ré-
duire par la force ou de nous ramener peu-à-peu
sous leur empire, qu'ils aillent loin de nous périr
dans une terre étrangère ; car nous l'avons tous
juré, il n'entrera plus de tyrans dans les murs
d'Athènes. Peuple, si je n'ai pas dignement expri-
mé votre pensée, si j'ai mal interprêté vos anciens
sermens, et que quelqu'un d'entre vous garde dans
son cœur des sentimens contraires, qu'il s'avance,
qu'il parle et qu'il me contredise.

LE PEUPLE.

C'est le vœu du peuple. Il tiendra son serment.
(*tous avancent la main*) Vivre libres où mourir !

L'ENVOYÉ.

Je plains votre aveuglement : n'accusez que vous
ou plutôt les traîtres qui vous séduisent de tous les
malheurs qui vont fondre sur Athènes. Hippias
vouloit vous traiter comme un père traite des enfans qui lui sont toujours chers malgré leur ingrati-
tude ; maintenant il ne voit plus en vous que des
séditieux et des rebelles. Vous avez voulu la guerre,
elle va commencer, et avec elle tous les fléaux qui
l'accompagnent. Lorsque vos champs ravagés, vos
temples détruits, vos femmes et vos enfans immo-
lés par le fer ou écrasés sous les ruines vous auront ouvert les yeux sur l'abyme où l'on vous
entraîne, alors vous connoîtrez ce que peuvent les

armées de Darius en faveur de ses alliés et contre ses ennemis.

CALLIMAQUE.

Ce sont bien là les menaces d'un fils de Pisistrate , mais les Dieux sont justes. . . . .

LE PEUPLE.

Elles retomberont sur sa tête. Guerre à Hippias , guerre aux Perses , à tous les tyrans la guerre.

SCÈNE V.

CALLIMAQUE , MILTIADES , LE PEUPLE.

CALLIMAQUE.

Vous le voyez , Athéniens , toutes vos ressources sont dans votre constance et dans votre courage. On ne peut vous cacher les dangers qui menacent la patrie. Ce jour va décider du sort d'Athènes. Sans doute des hommes libres et qui ont juré de mourir plutôt que de retomber dans la servitude ont de grands avantages sur tous leurs ennemis. Mais les Perses ne sont point des adversaires méprisables. Ils sont aguerris , disciplinés et fiers des succès qu'ils ont remportés dans l'Egypte , dans l'Inde et contre les peuples de l'Ionie. Notre confiance doit être celle de la valeur et non de la présomption. Il ne faut négliger aucune des précautions qui peuvent assurer la victoire. Que chaque citoyen aille

prendre ses armes et se range sous ses enseignes
pour nommer des généraux dignes de nous commander dans ces momens difficiles. De nouveaux
envoyés vont partir chez nos voisins pour hâter les
secours que nous attendons de leur alliance. Aussi-
tôt qu'ils seront arrivés et que leurs forces seront
jointes aux nôtres, nous marcherons au-devant des
Perses. Nous les attaquerons lorsqu'ils nous croiront
enfermés dans ces murs. Nous disssiperons leur armée et les plaines de l'Attique s'engraisseront des
corps de leurs soldats. Mais avant tout, citoyens,
que la subordination, l'obéissance et la discipline
la plus sévère règnent au milieu de nous et ne fassent
qu'un seul corps de toutes les parties de notre armée. Vos suffrages vont vous donner des chefs :
aussitôt qu'ils seront nommés que toutes les rivali-
tés s'éteignent, que chacun de nous se soumette à
leurs ordres et périsse, s'il le faut, dans le rang où
leur volonté nous aura placé. J'ai fait tout préparer
pour la défense de nos remparts. Les endroits foibles ont été visités et réparés ; les machines sont
prêtes et sont avancées sur les murailles. Tous les
postes sont marqués. Que chaque tribu s'empresse
de venir prendre le sien. Allons, citoyens, courons aux armes et ne les quittons qu'après la victoire ou avec la vie.

Fin du premier acte.

PREMIER INTERMÈDE.

La scène représente l'intérieur d'une salle sans décoration et peu éclairée, où se rendent les initiés aux mystères d'Eleusis. Après qu'un d'entre eux a soigneusement fermé les portes, et examiné tous les membres qui composent l'assemblée, le chef des initiés dit à haute voix :

LE CHEF DES INITIÉS.

Qu'aucun profane, qu'aucun homme souillé d'un crime n'ose approcher de ces lieux. N'y a-t-il parmi nous que ceux qui ont droit d'être admis à célébrer nos mystères.

UN DES INITIÉS.

Nous sommes tous initiés.

LE CHEF.

Puisque la vérité peut ici se faire entendre, et que le fanatisme et la superstition respectent cette enceinte, ouvrons librement nos cœurs aux consolantes idées qui nous ont été transmises d'âge en âge, et que nous remettrons pures et sans mélange à nos successeurs. Tandis que la multitude va, dans le danger qui nous menace, prostituer à ses dieux des vœux stériles, et des hommages insensés, tandis qu'elle nous croit occupés, comme elle, de solemnités bizarres et de ridicules cérémonies, unissons nos voix pour bénir l'être suprême ; adorons, sous l'emblême de la déesse qui apprit aux hommes à féconder la terre, le Dieu puissant qui seul a formé, qui

seul conserve tout ce qui existe dans la nature. Mais,
avant de lui payer le tribut de louanges que lui doivent tous les hommes, assurons-nous si nos vœux
sont dignes de lui être présentés. A combien de
malheureux avons-nous cette semaine, essuyé les
larmes ? Les malades ont-ils été visités, les opprimés
défendus et l'indigent nourri de notre superflu ?

UN DES INITIÉS.

En voici le compte fidèle.

LE CHEF.

A-t-on recueilli ces deux orphelins que la misère
de leurs parens avoit laissés sans asyle ?

UN DES INITIÉS

L'un de ces deux infortunés vit auprès de moi.
Je n'avois point d'enfans, il m'appellera son père.

UN AUTRE INITIÉ

L'autre vient d'augmenter ma famille. Un enfant
de plus ne la rendra pas moins heureuse.

LE CHEF.

Chacun de nous a-t-il employé tous ses talens et
tous ses moyens à éclairer ses semblables, à leur
inspirer l'amour de l'égalité, de l'union, de la paix
et de la justice ?

UN DES INITIÉS

Tous ces devoirs ont été remplis.

Le Chef.

Puisque nous avons, autant qu'il étoit en nous, rempli par de bonnes actions les jours que la Divinité nous accorde, nous pouvons lui offrir nos hommages. Implorons sa puissance. Demandons lui de protéger nos armes, et de faire triompher aujourd'hui la cause de la liberté.

HYMNE A DIEU.

Une voix seule.

Etre bon, Etre grand, Dieu, roi de la nature,
Créateur de la terre et du ciel et des mers,
O toi par qui tout vit, tout sent dans l'univers ;
   Assez long-tems le crime et l'imposture
Ont profané ton culte et souillé tes autels ;
   Reçois l'offrande simple et pure
Que, loin d'un peuple aveugle et de prêtres cruels,
   Viennent, sous cette voute obscure,
Te présenter quelques foibles mortels.

Une autre voix.

Ce n'est point le sang des victimes,
Ni le parfum d'un encens précieux,
Ce sont les vœux d'un cœur exempt de crimes
Qui plaisent au maître des cieux.

Le cœur.

Reçois, ô Dieu puissant, l'offrande simple et pure
Que, loin d'un peuple aveugle et de prêtres cruels,

Viennent, sous cette voute obscure,
Te présenter quelques foibles mortels.

UNE VOIX SEULE.

Chaque homme peut, dans sa demeure,
T'offrir en tous lieux , à toute heure ,
De ces faciles présens.
Pourquoi, de toutes parts, cette foule indiscrète
De ministres trompeurs, d'infidèles agens ?
Est-il besoin d'interprête
Entre un père et ses enfans ?

LE CHŒUR.

Ce n'est point le sang des victimes ,
Ni le parfum d'un encens précieux,
Ce sont les vœux d'un cœur exempt de crimes
Qui plaisent au maître des cieux.

UNE VOIX SEULE.

C'est toi, c'est ta vertu féconde
Qui du même limon forma tous les humains.
Pourroient-ils ignorer que, sortis de tes mains,
Ils n'ont par-tout, sur la face du monde,
Que des frères dans leurs voisins ?

LE CHŒUR.

Dieu puissant, oui c'est toi, c'est ta vertu féconde
Qui du même limon forma tous les humains.

UNE VOIX SEULE.

De meurtre et de sang altérées,
Les nations ont rompu tous les nœuds

Qui devoient d'habitans heureux
Peupler de l'univers les fertiles contrées.
    D'un fer ils ont armé leurs bras ;
Comme des loups cruels, entre eux ils se déchirent.
    Les chefs contre les chefs conspirent.
Les peuples égarés se pressent sur leurs pas.
    Chacun devroit en son semblable
    Trouver un vengeur, un appui.
Et l'homme n'a par-tout d'ennemi redoutable
    Qu'un homme comme lui.

LE CHŒUR.

Et cependant c'est toi, c'est ta vertu féconde
Qui du même limon forma tous les humains ;
    Ils n'ont par-tout, sur la face du monde,
    Que des frères dans leurs voisins.

UNE VOIX SEULE.

    O Dieu ! tu vois nos alarmes ;
    Des tyrans menacent nos jours.
    Tout un peuple vole aux armes ;
De ton bras tout puissant prête nous le secours.
    Ne permets pas que l'opprimé périsse.
    C'est la cause de la justice,
    C'est celle de l'humanité.
    Dieu bon ne sois pas irrité
    Du sang que nous allons répandre.
    Il faut venger, il faut défendre
    Et ses loix et sa liberté.

LE CHŒUR.

Courons tous , courons aux armes.
O Dieu , tu vois nos alarmes.
Ah ! ne sois pas irrité
Du sang que nous allons répandre.
C'est pour venger, c'est pour défendre.
Nos loix et notre liberté.

Fin du premier intermède.

ACTE II.

SCÈNE PREMIÈRE.

CALLIMAQUE, MILTIADES.

CALLIMAQUE.

Vos craintes n'étoient que trop fondées, ô Mil‑
tiades. Je n'ai pu découvrir encore toutes les traces de
l'affreux complot qui se prépare ; mais je n'en puis
plus douter : des traîtres méditent ici notre perte , et
c'est par la main des Athéniens que les tyrans se flat‑
tent de consommer la ruine d'Athènes.

MILTIADES.

Je vous l'ai dit : craignez ces jeunes ambitieux qui
veulent, à quelque prix que ce soit, se faire un nom et
dominer sur leurs concitoyens. Vous venez d'être
témoin de ce qu'ils peuvent auprès du peuple. N'ont‑
ils pas réussi à se faire nommer parmi les dix généraux
qui doivent tour à tour commander notre armée ? Et
qui sait si le sort ne nous destine pas l'un et l'autre
à marcher aujourd'hui sous les ordres de Thémis‑
tocle ?

CALLIMAQUE.

Je n'en rougirois pas si ses intentions ne commen‑
çoient à m'être suspectes. —— Mais de nombreux
indices paroissent confirmer vos soupçons. Cependant,

avant

avant de pouvoir le convaincre , il faut que je m'as-
sure de quelques faits importans. . . . . J'apperçois
sa mère et l'instituteur de la jeunesse Athénienne.
Evitons leur présence. Il n'est pas tems que je leur
parle encore. Partageons nous , Miltiades , la défense
de ces murs. Je vais vous placer à la tête des troupes.
Vous les disposerez contre les attaques du dehors.
Moi je vais suivre les traîtres et tout employer pour
déconcerter leurs complots.

SCÈNE II.

MNÉSIPHILE, EUTERPE.

MNÉSIPHILE.

Enfin malgré la calomnie et les obstacles de ses
nombreux rivaux , votre fils Thémistocles vient d'obtenir le plus grand honneur qui puisse flatter son
jeune courage. Quelle joie , quelle gloire pour
vous , Euterpe , de le voir à son âge commander nos
armées et marcher l'égal de nos plus illustres guerriers. . . . Mais vous ne répondez point ; Des larmes
s'échappent de vos yeux. Quels sont donc les chagrins
que ne peuvent effacer des momens aussi doux ?

EUTERPE.

Le cœur d'une femme ambitieuse seroit satisfait
sans doute ; mais je sens , Mnésiphile , que le
mien ne peut l'être , et qu'il manque au choix qu'on a
fait de mon fils tout ce qui pouvoit le rendre agréable
à sa mère.

C

MNÉSIPHILE.

Quoi ! pouviez-vous desirer qu'il commençât plus glorieusement sa carrière ?

EUTERPE.

Ces grades ne sont précieux que quand c'est l'estime et la confiance publique qui les donnent. Mais n'est-ce pas plutôt l'intrigue , ne sont-ce pas les efforts d'un parti puissant et d'une jeunesse audacieuse qui ont, en faveur de mon fils , emporté les suffrages de la multitude ? Les plus dignes citoyens lui ont refusé leurs voix et craignent de lui voir confier le sort d'Athènes. Ah ! ce n'est pas ainsi que parvient un homme vertueux. J'aimerois mieux qu'il fût le dernier de nos soldats et qu'il ne se vit pas ainsi redouté de tous les hommes de bien.

MNÉSIPHILE.

Ces craintes sont l'effet de quelques désordres échappés à la fougue de sa jeunesse. C'est l'ouvrage de l'envie qui s'efforce toujours d'avilir le mérite qu'elle ne peut égaler.

EUTERPE.

Ah! ne cherchez pas à tromper ma douleur. Il n'en est point de plus cruelle que la mienne. Il faut, Mnésiphile , que je vous ouvre mon ame toute entière. Je ne puis confier qu'à vous le douloureux secret qui pèse sur mon cœur. Apprenez que maintenant c'est de trahison et de perfidie qu'on accuse.

Thémistocles. On dit que de lâches amis l'ont entrainé dans leurs complots, qu'il est devenu le défenseur des tyrans et qu'il n'a tant brigué le commandement de l'armée que pour mieux assurer avec eux l'esclavage de sa patrie.

MNÉSIPHILE.

Faut-il en croire tous les bruits que la jalousie de ses ennemis se plaît à répandre. Parce qu'il n'a pas rompu tout commerce avec quelques hommes soupçonnés de favoriser les Pisistratides, doit-on le juger capable de seconder leurs projets? Je puis, Euterpe, croire votre fils imprudent, mais je ne saurois le voir coupable.

EUTERPE.

Eh! ne suffit-il pas qu'on le soupçonne, pour qu'il cesse à mes yeux d'être innocent! n'est-ce pas un opprobre que de se faire craindre de sa patrie, lorsque le danger la menace, et qu'elle appelle à son secours tous les bras qui peuvent la défendre? Quoi! lorsque toutes les mères, sacrifiant leur tendresse à leur devoir, se réjouissent de pouvoir lui offrir des enfans courageux et fidèles, lorsque, dans l'alarme générale, tous les bons citoyens se rassurent par leurs promesses et cherchent à s'inspirer une confiance et une estime mutuelles, faudra-t il que tous les yeux se détournent de Thémistocles, et le rangent parmi les traîtres qui nous menacent ou les lâches qui nous abandonnent. Il n'y aura donc que moi parmi les femmes Athéniennes qui n'oserai nommer mon fils,

qui ne pourrai lui ceindre son épée et le suivre dans
les rangs jusqu'aux portes d'Athênes lorsque nos
soldats marcheront aux ennemis ! ah ! cette incertitude est trop cruelle. Prenez pitié de l'inquiétude
et dès tourmens d'une mère. Vous avez élevé sa
jeunesse, vous n'avez pas perdu tout l'empire que
vous exerçâtes sur lui pendant plusieurs années. Je
joindrai mes prières à vos conseils, Mes larmes ache-
veront d'ébranler son cœur et de le rendre à ses
devoirs. Les perfides insinuations de quelques ambitieux ne l'emporteront pas sur les efforts de la raison
et sur la tendresse d'une mère. . . . . . Mais le
Polémarque vient à nous. Je vous laisse avec lui.
Ne lui confiez pas le secret de mes peines. La honte
d'une famille se dérobe à tous les regards et ne peut
se cacher que dans le sein de l'amitié.

SCÈNE III.

CALLIMAQUE. MNÉSIPHILE, EUTERPE.

CALLIMAQUE.

Demeurez un moment, mère de Thémistocles ; je
viens parler avec Mnésiphile d'objets qui vous intéressent et dont il est important que vous soyez informée.
C'est avec regret que je dois vous faire part des soupçons que la conduite de votre fils inspire.

EUTERPE. à part.

Le Polémarque est instruit. Dieux ! mes malheurs
seroient-ils donc certains ?

CALLIMAQUE.

J'ai long-tems fermé les yeux sur des liaisons que les périls de l'état rendoient au moins suspectes. J'aimois, j'estimois votre fils. J'avois conçu de lui les plus hautes espérances pour la gloire de sa patrie. Mais dans ce moment où les plus grands malheurs nous menacent, je ne puis, sans compromettre le salut d'Athènes, rester plus long-tems indifférent sur les complots dont on l'accuse.

EUTERPE.

Lui des complots. ah! seigneur! c'est l'envie qui le poursuit. Croyez qu'on lui fait outrage, que c'est-elle qui le calomnie.

CALLIMAQUE.

Je connois les obstacles que la jalouse médiocrité suscite à l'homme de génie. Je l'ai long tems défendu contre l'acharnement de ses ennemis. Mais les faits parlent. Jamais son incroyable activité ne s'est exer-cée d'une manière plus redoutable. Je suis informé que les esclaves cherchent à se procurer des armes. Depuis plusieurs jours, les guerriers de la tribu qu'il commande ne quittent plus le champ des exercices militaires, et semblent disposés à le seconder dans tout ce qu'il voudroit entreprendre. Les troupes de mer dont il vante avec enthousiasme la profession et l'utilité des services ont fondé sur lui l'espoir de leur célébrité et l'appellent déjà par leur vœux au comman-dement de nos flottes. De nombreux partisans dans

tous les rangs et dans toutes les conditions échauffent
son ambition et paroissent lui inspirer des desseins
d'autant plus dangereux qu'ils ont été jusqu'à présent
enveloppés d'un mystère impénétrable. Il a tous les
moyens de nuire ; et je le dis avec douleur, tout paroît
annoncer qu'il en a la volonté. Mais de toutes les séduc-
tions dont on l'accuse, il en est une dont Mnésiphile
peut-être instruit, et qui est, sans doute, la plus
odieuse et la plus coupable. On dit que parmi les
enfans dont l'éducation est confiée à vos soins,
Thémistocles a rassemblé les plus avancés en âge et
ceux qui donnent les meilleures espérances, et que,
sous le prétexte de les réunir pour les familiariser avec
les armes, il veut en effet les faire passer au camp
des Perses et les livrer en ôtage aux Pisistratides. Il
est difficile de se persuader un tel excès de perfidie.
Mais quelques soient les projets qu'on lui suppose,
je sais qu'il en médite et il faut qu'il soient promp-
tement éclaircis.

E U T E R P E , *avec dignité.*

Athènes sait, Callimaque, dans quels sentimens
j'ai moi même élevé son enfance. Vous avez connu
le père de Thémistocles. Vous futes son ami, son
compagnon d'armes. Avant d'insulter à sa mémoire,
et d'accuser son fils de pateils forfaits, il faudroit
peut-être avoir d'autres preuves que de vagues soupçons et les basses imputations de ses ennemis.

C A L L I M A Q U E .

Je n'accuse point Thémistocles. Je desire et je

crois encore le trouver innocent. Je n'oublierai jamais l'amitié qui m'unit à Néoclès son père. J'estime
et je respecte sa mère ; mais l'état est en danger,
mais des traîtres peuvent abuser et séduire sa jeunesse. Je veux le sauver et non le perdre. Parlez
Mnésiphile, que dois-je penser de ces rassemblemens ? Ils ne peuvent se faire sans que vous en
soyez informé.

MNÉSIPHILE.

Vous avez été vous-même témoin, Callimaque,
des soins que j'ai pris pour former la jeunesse de
Thémistocles. Vous savez qu'il devint bientôt l'honneur de sa famille et l'espérance de l'Etat. Il parut
pendant quelques momens sacrifier sa gloire à ses
plaisirs ; mais au milieu de ses égaremens il conserva
toujours de l'attachement pour les lieux où il passa
les premières années de sa vie. Souvent il vient ré-
péter avec la jeunesse d'Athènes ces exercices où il
acquit et conserve encore une si grande supériorité.
Il se plait à les rassembler, à exercer leurs forces
et leur adresse. Il n'est aucun d'entre eux qui ne
lui doive une partie de ses talens. Tous l'aiment,
le respectent et s'efforcent de le prendre pour modèle. J'avoue que j'ai moi-même contribué à cet
attachement et à cette confiance réciproques. Pou-
vois-je voir sans intérêt un des hommes que j'ai
formés à l'état employer mes leçons à lui donner
avec moi d'utiles citoyens ?

CALLIMAQUE.

Mais depuis l'incursion des Perses n'avez-vous pas

apperçu parmi eux des mouvemens extraordinaires ?

MNÉSIPHILE.

Il est vrai que depuis quelques jours , dans ces momens où les dangers publics occupent tous les esprits et enflamment tous les courages , l'amour de la patrie parle vivement au cœur de la jeunesse d'Athènes. Tous ces enfans se plaignent de la foiblesse de leur âge qui les empêche de marcher à la défense de leur patrie. Ils envient le sort de ceux qui combattent pour elle. Ils s'assemblent plus souvent sous les ordres de Thémistocles. Ils l'ont nommé leur chef ; tous leurs jeux sont devenus une image de la guerre, mais qui oseroit blâmer ces transports , heureux présage de ce qu'ils entreprendront un jour pour la gloire d'Athènes ? Peut-on faire un reproche à Thémistocle d'avoir fait germer d'aussi nobles sentimens dans leur ame ?

SCÈNE IV.

CALLIMAQUE , MNÉSIPHILE , EUTERPE , TRASIMAQUE.

TRASIMAQUE.

Seigneur , deux jeunes Athéniens à peine parvenus à leur troisième lustre , demandent à se présenter devant vous. Trois cens de leurs compagnons sont assemblés sur la place publique. Des armes sont en faisceaux à leurs pieds. D'un autre côté, une troupe d'esclaves s'est réunie près du temple de Minerve, et le port couvert de matelots qui demandent, contre les usages de la guerre, qu'on les arme du bouclier, de la lance et de l'épée. Thémistocles paroît être l'ame de tous ces mouvemens; et, quoique les noms de patrie et de liberté soient répétés par toutes les bouches, on ne voit pas sans inquiétude ces divers attroupemens. J'ai parcouru, comme vous le desiriez, tous les postes de la ville. Ils sont tous suffisamment garnis. Mille citoyens sont entrés dans la citadelle; une autre partie va, sous la conduite de Miltiades, se distribuer sur les murailles, et j'ai pris toutes les autres mesures que votre prudence avoit indiquées pour mettre la ville à l'abri d'une surprise. Mais cette fermentation intérieure, ces rassemblemens illicites exigent d'autres précautions, et je viens prendre vos ordres pour l'entière sûreté d'Athènes.

CALLIMAQUE.

Au nom de la loi dites à Thémistocles qu'il vienne sans délai se présenter devant le Polémarque d'Athènes. Faites entrer ces jeunes Athéniens. Peut-être la naïveté de leur âge nous découvrira-t-elle le secret de ces complots.

Qu'Aristides et sa tribu se tienne sous les armes. Nous pouvons compter sur son patriotisme et sur son courage. Qu'il soit prêt à se porter au moindre signal dans les différens quartiers où la force seroit nécessaire. (*Trasymaque sort.*) Le sort de votre fils

va se décider, Euterpe, nous allons enfin connoître
s'il doit être compté parmi les défenseurs ou les
ennemis d'Athènes.

SCÈNE V.

CALLIMAQUE , EUTERPE , MNÉSIPHILE ,
DEUX JEUNES ATHÉNIENS , précédés d'un esclave
qui porte des armes et les dépose aux pieds de
CALLIMAQUE.

UN DES DEUX JEUNES GENS.

A la vue des dangers qui menacent notre patrie,
nous avons oublié la foiblesse de notre âge, nous
n'avons consulté que notre zèle et nous venons,
Callimaque, vous demander la permission de combattre pour elle. Mais nous connoissons les loix
d'Athènes. Nous savons qu'il ne nous est pas permis de porter ces armes que la patrie n'a pas encore remis en nos mains. Nous venons les déposer
aux pieds de la loi, dans la personne du magistrat
chargé de la faire exécuter. Nous demandons,
Callimaque, que, dans la situation où se trouve
l'état, vous avanciez le tems où nous pourrons nous
mêler parmi ses défenseurs. Qu'il nous soit permis
de les reprendre ces armes et de nous en servir
contre les ennemis de notre liberté. Nous la sau-
verons avec vous ou nous périrons dans le
même champ où le sang de nos pères aura coulé
pour sa défense. Trois cens de nos campagnons

animés des mêmes sentimens, liés par le même serment et dont nous sommes ici les interprètes attendent sur la place voisine que vous leur accordiez la
permission que nous vous avons demandée pour
nous mêmes.

CALLIMAQUE.

Jeunes amis , votre résolution courageuse est
digne des éloges et de la reconnoissance de la patrie.
J'applaudis sur-tout à votre respect pour la loi. Conservez toute votre vie cette obéissance qui fait la
force des empires, et qui les sauve des plus grands
dangers. Vous serez dignes de les défendre ces loix
auxquelles vous savez déjà si bien obéir. La patrie
voit en vous ses enfans et l'objet de ses plus chères
espérances. Vous serez un jour son bonheur et sa
gloire. Mais laissez aujourd'hui à vos pères le soin
de combattre pour sa défense. Vos corps ne sont
point assez endurcis contre les fatigues, ni votre ame
assez préparée contre l'horreur des combats. On
n'étouffe point sans effort la voix de la nature. Elle
ne nous a point destinés à être féroces et sanguinaires.
C'est l'ambition des rois, c'est l'avide cruauté des
tyrans qui arment l'homme contre l'homme, et lui
apprennent à se baigner , sans pitié , dans le sang
de son semblable. Ce sont eux qui nous forcent aujourd'hui à une défense légitime. Mais quelque juste
que soit notre résistance, votre foiblesse et votre
inexpérience pourroient encore trahir votre courage;
l'horreur et la crainte s'empareroient peut-être de
vos jeunes cœurs. . . . et il ne faut pas que les Athéniens s'accoutument à trembler devant les Perses.

LE JEUNE ATHÉNIEN.

Nous trembler devant les ennemis d'Athènes ! ah !
rendez plus de justice aux sentimens qui nous animent. C'est votre sang, c'est le sang athénien qui
circule dans nos veines. Il en coûte beaucoup sans
doute d'accoutumer ses yeux à l'affreux spectacle de
la mort et du carnage. Nous détestons, nous abhor-
rons la guerre. Tous les hommes paisibles seront
toujours nos amis et nos frères. Mais les lâches qui se
vendent aux tyrans pour opprimer les peuples ou
ravager les empires, ce sont des monstres dont il
est glorieux de purger la terre. Nous nous sentons la
force de les combatre avec vous. Vous nous guiderez
vous-même au milieu des dangers. Nous imiterons
vos efforts si nous ne pouvons les égaler. Ne craignez
pas que nous quittions le poste où vous nous aurez
placés. Thémistocles a promis de nous recevoir au
milieu de ses soldats .... et la tribu de Thémistocles
ne reculera pas devant les Perses.

CALLIMAQUE.

C'est donc Thémistocles qui vous a inspiré ces
généreux desseins ?

LE JEUNE ATHÉNIEN.

Nous sommes nés au sein de la liberté. Nous
avons, avec le lait, sucé la haine des tyrans et l'horreur de l'esclavage. Thémistocles a fortifié ces sentimens dans nos cœurs. Nous devons beaucoup à ses
discours et à ses exemples. Mais croyez que, sans lui,

nous pouvions aimer notre patrie , et former le projet
de combattre pour elle.

CALLIMAQUE.

Vous l'avez nommé votre chef, et c'est sous sa
conduite que vous demandez à marcher contre les
Perses ?

LE JEUNE ATHÉNIEN.

Pouvions nous choisir un plus illustre guide ?
nous le connoissons , nous l'aimons tous dès la plus
tendre enfance. Cependant si les généraux d'Athénes
vouloient disposer ailleurs de nos bras, et de notre
zèle . . .

CALLIMAQUE.

Il suffit, mes amis ; Thémistocles doit bientôt ici
se rendre. J'ai besoin de le consulter avant de consentir à vos desirs. Allez rejoindre les jeunes héros
qui vous ont envoyés. Dites leur que dans quelques
momens ils recevront ma réponse.

SCÈNE VI.

CALLIMAQUE , EUTERPE , MNÉSIPHILE.

CALLIMAQUE.

Vous l'avez entendu : Thémistocles a su depuis
long-tems se rendre maître de leurs esprits. Il veut
maintenant s'assurer de leur personne. Athènes n'a
rien de plus prétieux que ces enfans en qui nous es-

pérons tous revivre.... Mais le voici, qui s'avance.
Tous ces mystères vont enfin être dévoilés.

EUTERPE.

Dieux, auriez-vous permis qu'un aussi lâche
dessein fût entré dans son ame.

SCÈNE VII.

CALLIMAQUE, EUTERPE, MNÉSIPHILE, THÉMISTOCLES.

*(Thémistocles s'avance pour saluer sa mère et Mnésiphile
qui le renvoient du côté de Callimaque.)*

CALLIMAQUE.

Thémistocles, je dois vous interroger sur des
objets qui intéressent le salut de l'état, et le repos
de tous les citoyens. Des bruits alarmans se sont ré-
pandus dans Athènes. Vous pouvez nous parler avec
confiance. Vous n'avez devant vous que votre mère,
l'instituteur de vos premiers ans et votre ami, celui
de votre père, son compagnon d'armes, et qui,
malgré l'inégalité des ans, consentiroit à être le vôtre
s'il croyoit que vous voulussiez marcher avec lui
dans la même carrière.

THÉMISTOCLES.

Je n'ai rien sous le ciel qui me soit plus cher que
ma mère. Je conserve, pour les soins de Mnésiphile
la plus tendre reconnoissanse, et l'offre de votre

amitié me remplit d'espérance et de joie. Je veux
honorer la mémoire de mon père, en le remplaçant
dans l'attachement qui vous unissoit l'un à l'autre.
Où pourrois je trouver de plus sages conseils et de
plus dignes exemples ? Intrépide Callimaque, vous
marcherez toujours dans le chemin de la gloire,
comment. Thémistocles refuseroit-il de vous y ac-
compagner, ou du moins de vous y suivre ?

CALLIMAQUE.

C'est le chemin de l'honneur, c'est celui de la
vertu que suivoit votre père, et qu'il faut tenir avec
moi si vous voulez marcher sur mes traces. La gloire
est un mot que chaque ambitieux interprête selon ses
desirs. La véritable gloire ne s'acquiert qu'en obéis-
sant aux loix de son pays, et en remplissant son
devoir.

THÉMISTOCLES.

S'il ne faut, pour s'en rendre digne, que servir sa
patrie, respecter les loix, et verser, s'il le faut, son
sang pour les défendre, les momens approchent,
Callimaque, où je pourrai, peut-être, mériter votre
estime et celle de mes concitoyens.

CALLIMAQUE.

Mais ces loix, cette patrie que vous voulez servir
et défendre, elles proscrivent la tyrannie, elles re-
jettent du nombre de leurs enfans, elles vouent à
l'ignominie celui qui essayeroit de sacrifier Athènes
à l'ambition d'Hippias, ou de la faire passer sous le
joug des barbares.

THÉMISTOCLES.

Que me parlez-vous d'Hippias et des amis de la
tyrannie ? qu'ont de commun avec Thémistocles ces
hommes vils qui ne veulent ramper sous un maître,
que pour commander à d'autres esclaves ?... Mais
l'inquiétude et la crainte sont peintes sur vos visages.
M'auriez-vous cru capable de travailler à l'asservissement d'Athènes ? Quoi ! Callimaque et Mnésiphile
pourroient me soupçonner de trahir ma patrie ! ...
Et vous aussi ma mère ?

EUTERPE.

Ah ! tu fais renaître l'espérance et la joie dans
mon cœur. Tu as vu nos alarmes. Parle, explique
toi. Puis je encore te nommer mon fils ? tu peux
d'un mot calmer mes inquiétudes. Connois l'excès
de ma douleur. Oui, j'ai douté si tu serois le défenseur d'Athènes, ou l'ami des Pisistratides.

THÉMISTOCLES.

Périssent les tyrans ! périssent avec eux ceux qui
veulent les aider à dégrader les hommes, et à ravager la terre ! Athènes sera libre. J'en jure par
vous, Euterpe, et par les manes du héros à qui je
dois la vie. Ne jugez-pas de Thémistocles par les
premiers égaremens de sa jeunesse. Le tems des
passions ordinaires est écoulé pour moi. Ce n'est
pour les grands caractères qu'un moment d'épreuve
et un besoin d'exercer les forces et l'activité de leur
ame. L'homme foible succombe sous leur joug, et

le porte toute sa vie ; mais l'homme courageux se
relève, et fait bientôt oublier sa chûte. Je ne vis
plus que pour la gloire et la prospérité d'Athènes.
Ce sentiment généreux domine tous mes desirs, et
absorbe toutes mes pensées. Je remercie les dieux
de m'avoir fait naître dans ces momens où la liberté
d'un peuple est aux prises avec la tyrannie. Je ne
mourrai point obscur et ignoré des siècles à venir.
J'aime à en croire les pressentimens qui m'agitent.
De grands évènemens se préparent. les ressources se
multiplieront avec les dangers. Il ne faut souvent,
chez un peuple, que la tête d'un homme de courage
pour déjouer les conseils des rois, et renverser les
complots de tous les despotes de la terre.

CALLIMAQUE.

J'aime, dans un jeune cœur, cet enthousiasme
de la gloire qui annonce ce qu'il peut devenir un
jour. Mais s'il est permis d'avoir une noble confiance
dans ses propres ressources, il est à craindre que la
présomption n'aveugle, et que de perfides conseils
n'égarent. Si vous n'avez pour but que la gloire et
l'utilité de votre patrie, vous pouvez nous rendre
compte des projets qui dans ce moment vous occupent. Que signifient ces rassemblemens de matelots,
d'esclaves et d'enfans qui demandent des armes, et
semblent multiplier les dangers qui nous environ-
nent. Parlez : notre expérience pourra seconder vos
desseins, s'ils sont utiles, ou les rectifier s'ils renfer-
moient quelque danger que vous n'eussiez pu
prévoir. Ce n'est point comme magistrat d'Athènes,

D

et chargé de pourvoir à sa sûreté , c'est comme votre
ami que je crois avoir le droit d'exiger de vous un
aveu qui soit sincère.

THÉMISTOCLES.

Je n'ai point à rougir des desseins que j'ai conçus.
Si le tems me permet de les exécuter, si la haine
jalouse n'y oppose pas des obstacles insurmonta-
bles , ils sauveront Athènes ; ils vengeront la Grèce
et feront payer cher aux Barbares le ravage de
l'Eubée et la ruine d'Erétrie. Je ne les confierois pas
au vulgaire accoutumé à ne voir que le danger présent , et qui punit souvent ceux qui le servent pour
récompenser ceux qui le trahissent : mais je vous
crois digne de les entendre , de les approuver , et
même de travailler à leur succès. Oui c'est moi qui
veux armer les bras de nos esclaves, mêler à nos
soldats le petit nombre de nos matelots , et faire
marcher au combat toute la jeunesse d'Athènes. Les
dangers actuels n'exigent peut-être pas que nous em-
ployons ces dernières ressources. Quelque nombreuse
que soit l'armée qui s'approche de nos murailles ,
nos forces réunies à celles de nos alliés suffiront pour
renverser ces premiers efforts de l'ambition des rois
de la Perse. Mais l'œil de la prudence voit dans
l'avenir, et présage les malheurs prêts à fondre sur
toute la Grèce. Il ne faut pas s'abuser sur les motifs
de cette pitié généreuse qu'affecte Darius pour la
famille de Pisistrate. Qu'importe à un monarque de
l'Asie que se soit Hippias ou le peuple qui soit le
maître dans Athènes. Callimaque croiroit-il que Darius

va prodiguer ses soldats, ses flottes et ses trésors
pour faire triompher un de nos tyrans, et venger la
querelle des Pisistratides? Les rois ne connoissent
point entr'eux de pareils sacrifices. Ceux qui pensent
que les affections du sang ou les nœuds de l'amitié
peuvent influer sur leurs projets, ne sont pas faits
pour se mêler de la destinée des peuples. L'intérêt,
l'ambition, la soif des conquêtes, voilà ce qui occupe le conseil des rois, et le seul but de toutes leurs
entreprises. Ce n'est pas le rétablissement d'Hippias,
c'est le démembrement ou la conquête de la Grèce,
c'est l'esclavage des Athéniens, c'est notre ruine que
médite le roi des Perses. Tant que la liberté conser-
vera parmi nous un asyle, les despotes de l'Asie ne
seront pas tranquilles sur leur trône. Si cette première attaque ne réussit pas selon leurs desirs, bientôt
de nouvelles armées viendront menacer nos villes et
ravager notre territoire. Leurs efforts croîtront avec
notre résistance. La génération qui commence ne
verra peut-être pas la fin de cette lutte redoutable.
Mais quel peuple sera jamais chargé de plus bril-
lantes destinées. nos enfans auront pendant toute
leur vie la liberté, l'honneur, l'existence de leur patrie
à défendre. J'ai voulu en former une race d'hommes qui
fit époque dans l'histoire de l'espèce humaine. Voilà
pourquoi j'ai versé dans leurs jeunes cœurs tous les
feux du patriotisme; voilà pourquoi je veux mêler
dans nos rangs la première jeunesse d'Athènes. Je
les recevrai au milieu de ma tribu, pour qu'ils connoissent de bonne heure le danger, et qu'ils apprennent à ne le pas craindre, pour que leur ame se plie

à l'obéissance, et que leur corps s'endurcisse à toutes les fatigues de la guerre, pour qu'ils acquièrent enfin cette audace qui ne calcule pas le nombre et cette force, cette patience, cette discipline qui savent en triompher. Je sais que c'est sur leurs têtes que repose le sort de la Grèce, je réponds de leur vie sur la mienne, et chacun de mes soldats a fait le même serment : voilà, Callimaque, le premier de mes complots contre la liberté d'Athènes.

EUTERPE.

O mon fils ! ô ma joie ! je suffis à peine aux transports que j'éprouve.

MNÉSIPHILE.

Heureuse mère ! vos doutes sont enfin éclaircis.

CALLIMAQUE.

Je suis frappé d'admiration et de surprise. Il semble que l'avenir se dévoile à mes regards. Continuez, Thémistocles, non pas pour vous justifier, mais pour nous instruire des intérêts et des ressources de notre patrie.

THÉMISTOCLES.

Mais nous nous flatterions en vain de toujours repousser, avec nos forces actuelles, les armées que toutes les contrées de l'Asie vomiront dans l'Attique. Notre résistance ne feroit que retarder l'instant de notre ruine. Il faut doubler nos ressources et multiplier tous les moyens d'écarter l'ennemi de notre territoire. Les Perses n'ont que deux chemins pour

pénétrer dans la Grèce , la mer et les défilés de la
Thessalie. Dix mille Grecs placés aux Thermopiles ,
peuvent arrêter pendant des années entières toutes les
forces de l'Asie. Mais la mer est libre à leurs vaisseaux ;
et que pourroit le petit nombre de nos galères contre
les flottes innombrables que l'Ionie , l'Egypte et la
Caric peuvent fournir au roi de Perses ? au lieu de
laisser dans ce moment nos matelots languir inutiles
dans le port , j'ai voulu les armer de la lance et de
l'épée ; je leur ai inspiré le desîr de marcher avec
nous contre les Perses , pour que nos soldats , à leur
tour , ne refusent pas d'aller un jour affronter les
mers et combattre sur nos vaisseaux. Si les Athéniens
ne sont pas sourds à mes conseils , une partie des
impôts , l'or de nos temples , la parure de nos femmes ,
tout sera mis en usage , et , avant qu'il soit un an ,
Athènes verra deux cens voiles flotter dans ses ports ,
et pourra disputer au loin l'empire des mers , et l'entrée de lAttique à tous les peuples de l'Asie. Alors la
Grèce sera vraiment libre et à l'abri de tous les outrages. Elle ne craindra plus de voir ses villes détruites
et ses campagnes ravagées par le fer des barbares.
Ou si jamais les divisions de nos alliés , si l'or et la
séduction pouvoient ouvrir aux Perses les gorges de
la Thessalie , si les dieux permettoient que les plaines
de l'Attique fussent une seconde fois inondées par
les armées des Perses , Athènes échapperoit encore à
l'opprobre de la servitnde. Nous transporterions sur
nos vaisseaux, sa liberté , ses loix , son nom et ses
destinées. La flamme dévoreroit ses murs. Mais ses
habitans fonderoient sur les eaux une cité nouvelle.

Athènes revivroit malgré les Perses ; ellé pourroit
encore défier ses ennemis et , plus heureuse sur les
mers , venger peut-être dans un second combat les
malheurs et la honte de la Grèce.

CALLIMAQUE.

Quelle étonnante pénétration ! son génie a tout
prévu. Oui ce sont là les dangers que nous avons
craindre et les seuls moyens qu'il faut prendre pour
pour n'y pas succomber.

THÉMISTOCLE.

Quant aux esclaves qui demandent des armes
pour combattre sous nos drapeaux , ils alloient être
corrompus par les amis d'Hippias et par les émissaires secrets que l'or des Perses entretient au milieu de nous. Ils nous auroient trahis et maintenant
ils veulent nous défendre. Croit-on que les noms
sacrés d'égalité , de patrie , de liberté frappent
impunément les oreilles d'un esclave ? nous mour-
rons plutôt que de nous soumettre à la tyrannie
d'Hippias ; ils nous auroient égorgés pour se sous-
traire à la nôtre. Le tems viendra sans doute où
les noms flétrissans de maître et d'esclave seront
effacés du langage des hommes. Mais, en attendant
cette époque que promet la justice , il falloit pré-
venir le malheur dont nous étions menacés. Ils
avoient un chef homme de cœur et de tête qui
cache toute la fierté de l'homme libre sous le man-
teau d'un esclave. Je lui ai proposé une récompense
au dessus de toutes les richesses que lui promettoient

les tyrans. J'ai offert de l'associer à la gloire de les combattre. Je lui ai fait espérer la liberté s'il vouloit avec nous défendre celle d'Athènes.... L'homme le plus vil ne résiste point aux sentimens de l'estime et de la confiance. Il se seroit prosterné à mes pieds, tant il rougissoit d'avoir pu passer pour un traître, tant il se croyoit honoré de la haute opinion que j'avois conçue de son courage. Il a fait passer dans l'ame de ses compagnons le même desir de mériter leur liberté par d'autres moyens que la trahison et la perfidie. Tous ont juré de vaincre avec nous ou de périr à nos côtés. Leur chef est près d'ici. Je devois vous le présenter ainsi que les capitaines de nos galères. Ils attendent vos ordres. Parlez, ai-je assez éclairci vos soupçons et dois-je les introduire ?

C A L L I M A Q U E.

Ah ! pardonne-moi ces doutes injurieux. Tu viens de m'ouvrir les yeux sur les malheurs dont la liberté d'Athènes et celle de la Grèce entière sont menacées. Oui, je veux concourir de tout mon pouvoir à l'accomplissement de tes grands desseins. Mais il n'appartient qu'à celui qui les a conçus de pouvoir dignement les exécuter. Puissent les dieux, mon fils, bénir ton courage et prolonger tes jours pour le bonheur de ta patrie ! Puisse ta constance ne jamais se rebuter par les obstacles et te faire triompher de tous tes ennemis. Tu deviendras le génie tutélaire de la Grèce. Vas, parle, agis, comme si tu étois ici le Polémarque d'Athènes.

D 4

La carrière de tes travaux doit commenter avec l'époque des dangers de ton pays, Sers toi de mon autorité pour te faire obéir. Je souscris d'avance à tout ce que tu entreprendras aujourd'hui pour le salut de ta patrie.

THÉMISTOCLES.

Mon devoir est de me conformer aux loix et de respecter celui qui commande en leur nom. C'est à vous, Callimaque, qu'il appartient de réaliser mes projets et d'autoriser les rassemblemens que j'ai formés. Mais les instans sont chers. Les troupes de nos alliés vont arriver et devroient même être déja rendues dans ces murs. Nous n'attendons qu'elles pour marcher au devant des Perses. Prévenons ce moment de trouble et de confusion qu'entraîne toujours le départ d'une atmée. Venez ajouter par votre présence à l'ardeur qui enflamme ces nouveaux guerriers. Qu'ils connoissent que la patrie adopte leurs services, et qu'ils marchent avec assurance en voyant que la loi remet entre leurs mains les armes dont ils brûlent de se servir....., Mais Trasymaque vient à nous. Rien n'est indifférent dans la situation où nous sommes. Il faut entendre ce qu'il vient annoncer.

SCÈNE VIII.

LES PRÉCÉDENS et TRASYMAQUE.

TRASYMAQUE.

Seigneur, les envoyés chargés de parcourir les

villes de l'Attique sont de retour. Philippides seul
ne peut encore être revenu de Lacédémone., Mais
les autres ont en vain sollicité les secours de nos
alliés. Tous , excepté les Platéens , nous trahissent
ou nous abandonnent. La prise d'Erétrie a jetté
l'épouvante dans toutes les villes de la Grèce. Les
promesses ou les menaces des Perses ont été plus
puissantes que les traités et la ville d'Athènes n'a
que ses propres forces et mille Platéens à opposer
à l'innombrable armée de ses ennemis. Un autre
courrier envoyé à la découverte des Perses vient
d'annoncer que toute leur armée est en marche et
qu'elle s'avance à grands pas vers les murs d'Athènes.
Le peuple se précipite autour des envoyés et vous
attend pour délibérer sur les fâcheuses réponses
qu'ils apportent. La tristesse et l'indignation sont
dans tous les cœurs , et il est à craindre que ces
nouvelles n'abattent le courage de nos guerriers.

THÉMISTOCLES.

Malheur à tout Athénien qui désesperoit de sa
nation et du salut de sa patrie. Si nos alliés nous
abandonnent , la honte sera pour eux et la gloire
pour Athènes qui sauvera seule la liberté de la
Grèce. Je n'avois pas prévu que les secours que je
préparois à ma patrie dûssent sitôt lui être nécessaires. Allons , Callimaque , enfans , matelots ,
esclaves , il faut tout armer pour la défense d'A-
thènes.

CALLIMAQUE.

Je me rends à l'assemblée du peuple. Je vais sur

mon passage rassurer les esprits et rappeller à leurs
sermens ceux que la crainte auroit ébranlés. Mné-
·siphile, veillez sur la jeunesse rassemblée par les
conseils de Thémistocles. Dites-leur qu'ils peuvent
se revêtir de leurs armes, et se préparer à en faire,
bientôt un digne usage. (*Mnésiphile sort.*) Vous,
Trasymaque, suivez Thémistocles ; distribuez en
mon nom des armes aux troupes de mer et aux
esclaves qui attendent mes ordres pour se ranger
sous nos drapeaux. Parcourez les différens corps
placés à la garde des portes et à la défense des murailles. Parlez à tous avec une mâle assurance.
·Imitez le courage et suivez les conseils de cet intrépide jeune homme. Vous pouvez exécuter tout
ce qu'il vous commandera. Je réponds des mesures
que son activité et son génie lui feront prendre pour
la sureté d'Athènes. Mère de Thémistocles, parlez
aux femmes Athéniennes. Inspirez leur les sentimens de dévouement et de courage dont vous êtes
pénétrée. Qu'elles retiennent leurs larmes et que
rien de pusillanime et de foible n'approche des
guerriers qui doivent aujourd'hui vaincre ou mourir
pour la patrie. (*à Thémistocles*), ami, quand il
faudra combattre nous nous retrouverons par-tout
où sera le danger.

Fin du second acte.

SECOND INTERMÈDE.

Mnésiphile revient sur la scène avec la jeunesse Athé-
nienne à qui le Polémarque a permis de prendre les
armes.

MNÉSIPHILE.

Dignes enfans d'Athènes , je vous vois armés pour
la plus juste et la plus noble des causes ; le salut de
la patrie , et le soutien de la liberté. Mais , prêts à
combattre pour les loix de votre pays , connoissez-
vous ce qu'il exige de chaque citoyen à qui il confie
le soin de sa défense.

UN DES JEUNES ATHÉNIENS.

Daignez , ô Mnésiphile , nous instruire de nos
devoirs.

MNÉSIPHILE.

Voici les loix militaires qui ont , depuis des siècles,
assuré le succès et la gloire de nos armes. Tout soldat
athénien jure à la patrie , de ne jamais prendre la
fuite quelque nombreux que soient ses ennemis ,
mais de combattre dix contre cent , contre mille ,
contre une armée entière. Celui qui fuit n'est pas
puni de mort , on le condamne à vivre déshonoré.

LE JEUNE ATHÉNIEN.

Quand nous avons demandé à combattre , nous
étions résolus à vaincre ou à mourir

MNÉSIPHILE.

Il jure encore de ne jamais revenir du combat sans ses armes; et les Athéniens ont coutume d'y joindre celles de leurs ennemis.

LE JEUNE ATHÉNIEN.

Chacun de nous a gravé son nom sur les siennes.

MNÉSIPHILE.

Il jure enfin à ses généraux, à tous ses chefs une entière et pleine obéissance, et, dût la terre s'entr'ouvrir sous ses pas, de ne jamais quitter le poste qu'ils lui ont confié.

Tels sont les engagemens que contracte un athénien, et c'est se vouer à l'infamie que d'y manquer.

TOUS LES JEUNES ATHÉNIENS, *s'écrient.*

Nous les remplirons tous; ils étoient depuis long-tems dans nos cœurs. Adressons à la patrie le serment qu'elle exige de ses guerriers.

HYMNE A LA PATRIE.

UNE VOIX SEULE.

O lieux chéris où nous prîmes naissance,
Toi qui nourris nos premiers ans,
Et contre les tyrans
Nous remis au berceau le soin de ta vengeance,
Athènes reçois les sermens
Qu'au nom du ciel, en sa présence,
T'adressent tes enfans.

UNE AUTRE VOIX.

Nous jurons tous au ciel, en sa présence,
De soutenir au prix de notre sang
  Tes loix, ta gloire et ta puissance,
Et de plutôt périr à notre rang
  Que d'abandonner ta défense.

LE CHŒUR.

Nous soutiendrons au prix de notre sang
  Tes loix, ta gloire et ta puissance
  Plutôt périr à notre rang
  Que d'abandonner ta défense.

UNE VOIX SEULE.

  Qu'il est beau, qu'il est glorieux
  De te nommer notre patrie!
  Nous pouvions naître dans ces lieux
  Où l'homme ne reçoit la vie
  Que pour porter le joug honteux
  Et les fers de la tyrannie.
Sous ta loi sainte, ah! sous ta loi chérie
Nous vivrons tous libres, égaux, heureux.
  Qu'il est beau, qu'il est glorieux
  De te nommer notre patrie!

UNE AUTRE VOIX.

  Nous te devons plus que la vie :
  De la servitude des cours
  Notre carrière est affranchie ;
  Dans la honte et l'ignominie
  Nous ne traînerons plus nos jours,

LE CHŒUR.

Sous ta loi sainte , Ah! sous ta loi chérie ,
Nous vivrons tous libres , égaux , heureux.
Qu'il est beau, qu'il est glorieux
De te nommer notre patrie.

UNE VOIX SEULE.

Fiers de l'appui d'une armée étrangère ,
Le tyran Hippias et sa cour sanguinaire ,
Se flattent que , bientôt vainqueurs ,
Ils reviendront , nouveaux usurpateurs ,
Braver la publique misère ,
Et triompher de tes malheurs.

UNE AUTRE VOIX.

Mais nous jurons au ciel , en sa présence ,
De soutenir au prix de notre sang
Tes loix, ta gloire et ta puissance ,
Et de plutôt périr à notre rang .
Que d'abandonner ta défense.

LE CHŒUR.

Nous soutiendrons , au prix de notre sang ,
Tes loix , ta gloire et ta puissance ,
Plutôt périr à notre rang ,
Que d'abandonner ta défense.

MNÉSIPHILE.

C'est assez , mes amis, venez que je vous remette
entre les mains du Polémarque et des généraux
d'Athènes , pour qu'ils vous placent au milieu de
ses défenseurs.

Fin du second intermède.

ACTE III.

SCÈNE PREMIÈRE.

Le théâtre représente la salle du conseil qui donne, sur la place publique.

THÉMISTHOCLES, MNÉSIPHILE.

THÉMISTOCLES.

Enfin les partisans d'Hippias n'ont pu l'emporter dans l'assemblée du peuple. La défection de nos alliés ne nous fera pas consentir à un lâche accomodement avec la tyrannie. Mais il reste encore une ressource aux ennemis de notre liberté, celle qui a fait tomber Erétrie et ouvert aux Perses le chemin de l'Attique. Le peuple a remis à ses dix généraux le soin d'examiner s'il faut attendre l'ennemi dans nos murs ou marcher à sa rencontre. Les amis d'Hippias se flattent que privés du secours de nos alliés, nous n'oserons exposer le sort d'Athènes aux hazards d'une bataille. Leurs émissaires exagèrent à dessein la force de nos murailles et l'inexpugnable situation de notre citadelle. Ils appellent témérité les conseils de la confiance et du courage. Déjà ils sont parvenus à entraîner dans leur sentiment un grand nombre de citoyens. Mais si leur avis l'emporte, c'est en vain que le peuple a rejetté les propositions des tyrans. Il n'a fallu qu'un traître pour livrer les portes d'Erétric. Il s'en trouvera dix , il s'en trouvera cent dans Athènes et c'en est fait de la liberté de la Grèce.

M N.É S I P H I L E.

Le peuple suivra, sans doute , le plan de défense que ses généraux lni auront tracé. Je ne puis cependant vous dissimuler que, depuis la nouvelle de l'abandon de nos alliés , l'opinion publique penche vers le projet de soutenir un siège ; et je crains qu'il ne soit difficile de persuader à dix mille soldats qu'il doivent, dès ce jour même , attaquer une armée de deux cens mille combattans.

T H É M I S T O C L E S.

C'est cependant le/ seul parti qu'il convient de prendre. Le sort d'Athènes en dépend. J'attends ici le prêtre de Minerve. Je le crois assez éclairé pour consentir à faire párler les dieux, comme l'exigent les intérêts des hommes. Le voici. Joignez vous. aux soldats de ma tribu , Mnésiphile. Je suis sûr de leur zèle. Réunissez vos efforts et tâchez de ramener à notre avis les citoyens que la séduction n'auroit pas égarés.

S C È N E I I.

THÉMISTOCLES , LE PRÊTRE DE MINERVE.

T H É M I S T O C L E S.

Prêtre de Minerve, nous sommes seuls. Je vous
crois

crois capable d'entendre et de dire la vérité. Les momens préssent; je vais m'expliquer avec vous sans détour, et j'ose espérer que vous me répondrez avec la même franchise. Je connois tout l'ascendant que la religion donne à ses ministres sur l'esprit et les passions du peuple. Ils n'en ont que trop souvent abusé pour le tenir asservi sous le double joug du despotisme et de la superstition. Les prêtres devoient être et ils ont été par-tout les amis des despotes, et les plus surs instrumens de la tyrannie. (*Le prêtre fait un geste de surprise.*) Je vous connois; je sais que vous aimez la liberté, que vous voulez la gloire de votre pays, et que vous êtes digne de le servir. je ne viens point vous proposer de déchirer le bandeau du peuple, et de lui découvrir, tout-à-coup, la vanité de sa croyance, et l'inutile absurdité de ses mystères.

LE PRÊTRE, *regardant au tour de soi.*

Vous oubliez, Thémistocles, que c'est au prêtre de Minerve que vous parlez, et qu'il ne m'est pas permis d'écouter un aussi téméraire langage.

THÉMISTOCLES.

Je vous ai dit que nous étions seuls. Rassurez-vous. Vous pouvez continuer de m'entendre. Le culte de la raison et de la philosophie ne peut tarder à s'établir entièrement parmi nous. Le peuple pensera bientôt comme tous les sages de la Grèce. Mais je sais que le tems n'est pas encore venu où l'idée sublime d'un Dieu ne doit plus être défigurée par le blasphême et l'imposture. Les hommes ne passent

E

que lentement des routes de l'erreur dans le chemin
de la vérité. Mais puisqu'il faut que la génération
actuelle soit encore abandonnée au mensonge, à la
superstition, et à tous les préjugés de l'enfance,
puisque le peuple veut que ses prêtres le trompent et,
l'abusent encore, ayez le courage de le tromper aujourd'hui pour sauver la patrie. Vous connoissez tous
les moyens d'en imposer à sa crédulité ; vous savez
comment, en parlant au nom des Dieux, il est facile
de faire plier sa volonté sous la vôtre. (*Le prêtre fait
un second mouvement.*) Je sais, prêtre de Minerve,
que vous n'avez jamais abusé de sa foiblesse et de
votre puissance. Je vous distingue aisément du reste
de vos collègues. C'est ce qui fait que je m'adresse à
vous avec confiance. Je vais vous révéler le secret
de l'état. Voulez-vous qu'Athènes soit libre, ou
qu'elle retombe dans l'esclavage. Son sort est entre
vos mains. Il dépend d'un mot de votre bouche.

LE PRÊTRE.

Moi ! je pourrois contribuer à la liberté, à la
gloire, au salut de ma patrie ! Relégué dans l'obscurité d'un temple, gémissant d'être retenu au pied
des autels, tandis que mes concitoyens vont sacrifier leurs jours pour sa défense, je me contentois de
former des vœux pour le soutien de ses loix et la
prospérité de ses armes. Et il me seroit aujourd'hui
réservé de prononcer sur le sort d'Athènes ! Ah !
sans doute vous voulez éprouver mes sentimens, et
vous assurer si je suis du nombre des prêtres qui aiment leur pays, ou de ceux qui le trahissent.

THÉMISTOCLES.

Je ne doute point de vos sentimens. Je vous ai dit la
vérité. Soyez sûr de moi, comme je crois devoir l'être
de vous. Vous connoissez les fâcheuses extrêmités où
nous réduisent la lâcheté ou l'impuissance de nos
alliés. Le courage du peuple n'a point été abattu par
cette affligeante nouvelle. Mais il est prêt de tomber
dans les nouveaux piéges que lui tendent les amis des
Pisistratides. Il ne peut espérer de vaincre les Perses,
que s'il ose les braver et marcher à leur rencontre.
C'en est fait d'Athènes si nous restons dans nos murs.
Malgré notre résistance, la trahison nous aura bientôt
livrés à la vengeance d'Hippias ; et cependant ce
dernier projet est approuvé de la plupart de nos
guerriers. Les plus dignes citoyens le regardent
comme le parti de la prudence, et il ne faut pas moins
que la voix des dieux pour leur en faire connoître
le danger. Minerve, emblême de la sagesse, est re-
gardée comme la fondatrice et la déesse tutélaire
d'Athènes. Ses oracles sont pour nous une loi suprême. Si Minerve parle, et que sa volonté déclare,
par votre organe, qu'il faut à l'instant sortir d'Athènes, et voler sous son égide à la rencontre des Perses,
la décision du peuple ne sera plus incertaine. Chaque
soldat se croira sûr de la victoire, et quelque soit
le plan que ses généraux arrêtent, il faudra bien
qu'ils le conduisent au combat, s'il pense qu'il doit
y marcher par les ordres et sous les auspices de Minerve. Déjà mes soldats et mes amis cherchent à préparer les esprits. J'employerai tout au conseil pour

que les généraux se décident pour l'attaque. Mais un
mot de votre bouche sera plus puissant que leurs dé-
cisions et que tous mes effors. Il dépend de vous de
le prononcer et vous sauvez Athènes, vous sauvez la
Grèce entière dont notre chûte entraînera la ruine.

LE PRÊTRE.

Thémistocles, je vais vous répondre avec la sin-
cérité dont vous m'avez le premier donné l'exemple.
Vous-voulez que le sort d'Athènes se décide par
une bataille ; le plus grand nombre des Ahéniens
préfère d'attendre l'ennemi dans ces murs et paroît
déterminé à braver toutes les horreurs d'un siége.
Je crains, comme vous, que la trahison ne nous
soit plus redoutable que le nombre des Perses ;
mais vous êtes jeune, Thémistocles ; jusqu'ici
l'amour des plaisirs a paru vous occuper plus que
les intérêts de l'Etat : pardonnez ; mais pour que
le prêtre de Minerve ose prononcer entre le peuple
et vous, pour qu'il adopte des conseils que le plus
grand nombre désavoue, et qu'il fasse dépendre
de votre opinion le salut de sa patrie, il lui faudroit peut-être une autorité plus imposante que la
vôtre. Si vous êtes persuadé de l'utilité de vos projets, si vous croyez qu'ils importent à la sureté publique, osez en faire l'aveu devant un de ces
hommes à qui ses vertus ont, malgré sa jeunesse,
mérité la confiance générale ; faites part à Aristides
de ce que vous me proposez, et s'il l'approuve,
je ne diffère pas un instant. Je vous réponds de la
volonté du peuple : avant qu'il soit une heure
l'armée ne sera plus dans les murs d'Athènes.

THÉMISTOCLES.

N'y a-t-il donc qu'Aristides dont la probité mérite ici votre estime ? Il est mon rival ou plutôt mon enne-mi dès l'enfance , il suffira que j'adopte un plan pour qu'il se range du parti qui lui sera contraire. Ce-pendant il aime son pays. C'est à lui qu'appartient aujourd'hui le commandement de l'armée. Il ne ré-sistera pas à l'espoir d'illustrer son nom par une mémorable victoire. je me sens le courage de sau-ver mon pays même en travaillant à la gloire de mes rivaux. Pourvu qu'Athènes soit libre , qu'im-porte que ce soit Aristides ou un autre chef qui triomphe. Allons , prêtre de Minerve , puisque ma foi vous est suspecte , je consens à tout ce que vous exigez. Venez avec moi trouver Aristides et que mes ennemis mêmes jugent si mes projets sont dignes de ma patrie.

LE PRÊTRE.

C'est assez , Thémistocles ; puisque tu as su te vaincre , je ne puis plus douter de toi. Pardonne-moi le moment d'épreuve où j'ai mis ton courage. Tu peux compter sur le succès de tes desseins. Mais qu'un mystère impénétrable cache à tous les yeux notre secrète intelligence. Les dangers d'Athènes ne finiront pas avec cette journée. Puisque nous nous unissons pour déjouer les complots de la tyrannie , nous aurons encore besoin peut-être de profiter de la crédulité du peuple et de le tromper pour mieux le servir. J'apperçois Aristides qui se rend au conseil. Je vous laisse avec lui. Il n'est plus nécessaire de lui rien découvrir. Trop de confidens nuiroient à nos desseins. Soyez sûr de mon zèle ; je serai toujours de moitié dans les projets que vous formerez pour la gloire et la liberté de votre patrie.

THÉMISTOCLES.

Heureux les peuples si tous les prêtres ressembloient à celui de Minerve ! Me voilà sûr de la voix des Dieux. Essayons maintenant de découvrir ce que pense Aristides.

SCÈNE III.

THÉMISTOCLES , ARISTIDES.

ARISTIDES.

Je vous cherchois , Thémistocles , et je me réjouis de vous trouver encore seul. J'ai besoin de soulager mon cœur et de m'expliquer avec vous. Je n'ose vous offrir l'amitié d'Aristides , et je sais que ce seroit trop prétendre que de vouloir obtenir la vôtre. Nos caractères , nos goûts , nos penchans , tout diffère trop entre nous. Il n'y a qu'un objet sur lequel nous pouvons espérer d'être unis , le salut de l'état, et l'amour du bien public. Je vous crois incapable de trahir lâchement les intérêts de votre patrie, et lorsqu'Athènes vous a soupçonné, j'ai été le premier à vous défendre, et à vous justifier.

THÉMISTOCLES.

Je rends graces à vos soins, Aristides; mais je cherche comment j'ai pu m'attirer ainsi votre indulgence, et mériter aujourd'hui cet excès de vos bontés.

ARISTIDES.

Je n'ai fait que vous rendre justice, et c'est un devoir qu'Aristides n'oublia jamais de remplir. Ce n'est pas que j'approuve les nouveautés que vous voulez sans cesse introduire parmi le peuple et dans l'armée. Je crains que votre ambition ne vous trompe. Je m'oppose à vos projets parce qu'ils sont extraordinaires, et que je les crois dangereux pour la tranquillité de l'état; mais je ne penserai jamais qu'ils soient le résultat de la trahison et de la perfidie. Nous pouvons nous haïr, Thémistocles, mais nous serons toujours forcés de nous estimer. La prospérité d'Athènes peut naître pendant la paix de nos utiles divisions. Toujours hardi, toujours prêt à entreprendre, vous pourriez égarer l'impétueuse légéreté des Athéniens; il est bon que ce que vous nommez ma froide prudence puisse les arrêter quelquefois, et les faire réfléchir sur l'utilité de vos desseins. Mais lorsque le tems du péril est arrivé, lorsque la liberté d'Athènes est sur les bords de l'abyme, nous précipitons sa chûte si nous restons divisés; nous la sauvons peut-être si nous nous unissons. Depuis longtems les tribus que nous commandons ont épousé nos querelles, et se mêlent à nos ressentimens. Vos

E 4

soldats et les miens semblent avoir oublié qu'ils sont frères et concitoyens, qu'ils ont la même patrie à défendre, et la même gloire à acquérir. Faisons cesser des dissentions qui peuvent entraîner la défaite de l'armée. Que les dangers de l'état rassemblent nos efforts au lieu de les partager. Je viens vous offrir de réunir nos deux tribus, de marcher sous les mêmes enseignes, et de combattre à vos côtés. Témoins l'un et l'autre de nos exploits, nous serons toujours rivaux, mais nous n'aurons plus d'autre jalousie que celle de nous surpasser. Si l'un de nous deux succombe dans le combat, que les deux tribus obéissent à l'autre, et qu'elles vengent notre mort dans le sang des ennemis.

T H É M I S T O C L E S.

Le sage Aristides pense donc que c'est par un combat que va se décider le sort d'Athènes ?

A R I S T I D E S.

C'est ce que nous devons examiner dans le conseil. Le peuple, malgré les perfides résolutions que des traîtres lui suggèrent, suivra sans doute l'avis de ses généraux, et j'ose espérer que les voix se réuniront pour soutenir dignement l'honneur de la patrie.

T H É M I S T O C L E S.

Cependant l'opinion publique ne paroît pas favoriser le projet d'aller attaquer les Perses ; et ceux qui, comme vous, adoptent toujours le parti de la prudence...

ARISTIDES.

Ce seroit lâcheté, et je ne crois pas avoir mérité que Thémistocles m'en soupçonne.

THÉMISTOCLES.

Je connois votre valeur. Mais vous commandez aujourd'hui l'armée, et peut-êrre l'amour de la gloire abuse-t-il votre sagesse ordinaire?

ARISTIDES.

Je prouverai que je préfère à tout la gloire et le salut d'Athènes. . . . Mais c'est trop long-tems dissimuler votre opinion. Je ne cache point la mienne; et quoique nos avis souvent différent, quoique plusieurs bons citoyens soient aveuglés sur les vrais intérêts de leur patrie, je ne vous ferai point l'affront de croire que vous pensez autrement que moi. Ce n'est pas vous, Thémistocles, qui compterez le nombre de nos ennemis, et qui craindrez que les Athéniens aillent se mesurer avec les Perses. Cessez des doutes qui nous offensent l'un et l'autre. Comment dois-je interpréter votre silence? Consentez-vous à étouffer dans l'oubli nos anciens différens, et à réunir contre l'ennemi mes soldats et les vôtres?

THÉMISTOCLES.

J'accepte avec transport tes offres généreuses. Tu as bien connu mes sentimens, ô Aristides, et tu m'as jugé comme tu mérites de l'être toi-même. Oui, nous combattrons, et nous vaincrons ensemble les Perses.

Nous nous embrasserons à la tête de nos tribus. Je
tâcherai d'égaler ta valeur ; car je sens qu'il me seroit
impossible de te surpasser.... Voici Callimaque et
les autres généraux qui s'avancent ; il ne suffit pas
que nous soyons unis sur le champ de bataille. Il
faut joindre nos efforts dans le conseil pour que notre
avis l'emporte, et que par une fausse prudence on
ne se décide pas à soutenir un siège.

SCÈNE IV.

CALLIMAQUE, MILTIADES, THÉMISTOCLES,
ARISTIDES, ANTHISTENES, ET SIX AUTRES
GÉNÉRAUX.

CALLIMAQUE.

Illustres chefs d'une armée de citoyens, vous qui
ne devez votre élévation qu'à votre sagesse et à votre
courage, l'intérêt ou l'ambition ne se mêleront point
à la délibération que vous allez prendre. Le peuple
vous a remis le soin d'examiner ce qui convient à
son salut et à sa gloire. Les instans sont précieux ;
et quoiqu'on ne doive rien précipiter dans une ques-
tion d'un si grand intérêt, il faut se hâter de fixer
notre choix pour ne pas perdre, en vaines discus-
sions, un tems que chacun de nous doit employer
au salut de l'état. Une armée de deux cens mille
Perses s'avance à grands pas, ramenant au milieu de
nous, les tyrans qui nous tenoient dans un hon-

·teux esclavage. Nous avons juré de les vaincre ou de
périr. Mais deux moyens s'offrent à notre courage.
Ils peuvent, l'un et l'autre, entraîner notre ruine,
ou nous assurer la victoire : faut-il attendre l'ennemi
dans nos murs, ou devons-nous marcher à sa rencontre, et tenter, avec des forces inégales, le sort
d'un combat? Miltiades, tous les regards se fixent
sur vous. Votre valeur et votre expérience nous
promettent un sage conseil.

MILTIADES.

L'exemple d'Erétrie prouve assez ce qu'il en peut
coûter aux Athéniens s'ils attendent que l'armée des
Perses vienne environner leurs murailles. Ce ne sont
pas les soldats de Darius qu'il faut craindre ; c'est son
or, ce sont ses séduisantes promesses ; c'est l'espérance de briller un jour à la cour d'un despote qui
tentera les ames viles dont quelques années de liberté
n'ont pas encore purgé toute la ville d'Athènes. Malheur à ceux qui se fient au patriotisme de ces hommes
que nous avons vus naguères insolens oppresseurs du
peuple et bas adulateurs de la tyrannie, lorsqu'Hippias avoit de la toute puissance. On ne redresse point
celui qui a rampé toute sa vie. Dix mille Athéniens
peuvent vaincre deux cens mille Perses ; mais on ne
fera jamais d'un lâche courtisan un fidèle citoyen.
Hippocrites amis de la liberté, ils caressent maintenant la volonté du peuple, parce qu'ils redoutent sa
vengeance ; mais leur perfidie se dévoilera lorsqu'ils
croiront pouvoir trahir avec impunité. Nous aurons
beau étendre sur eux toute notre vigilance ; il ne faut

que le crime d'un seul pour introduire les Perses dans
ces murs , et celui que vous soupçonnerez le moins,
sera peut-être le plus dangereux de vos ennemis.

Mais quand il seroit vrai que nous n'avons rien à
redouter de la trahison qui a perdu Erétrie , quand
nous compterions le nombre des bons citoyens par celui des habitans d'Athènes , il faudroit encore éviter
les horreurs d'un siège , et marcher courageusement
aux ennemis. Les Perses ennivrés de leurs premiers
succès , accoutumés à voir les villes se soumettre à
leur approche , ou tomber victimes de la résistance ,
s'avancent maintenant avec cette confiance présomptueuse que donnent de faciles avantages. Je connois
le caractère des peuples de l'Asie. Fiers et insolens
quand on paroît les craindre , lâches et foibles quand
on leur résiste , leur audace croîtra s'ils pensent que
nous les croyons redoutables ; l'épouvante se mettra
dans leur armée s'ils s'apperçoivent que nous mépri-
sons et leur nombre et leurs menaces. Vous verrez
leurs rangs confus s'éclaircir et se troubler à l'aspect
de nos phalanges serrées , toutes hérissées de fer ,
opposant aux pierres de leurs frondes et à leurs cime-
terres dorés , nos traits pesans , nos larges écus , et
des lances de dix-huit pieds. Si nous marchons à l'ennemi , il tremblera devant nous , et nos soldats fiers
de la bonne opinion qu'ils nous avoient inspirée , senti-
ront redoubler leurs forces et leur courage. Si nous attendons les Perses , ce sont eux à leur tour qui nous
menaceront ; et les Athéniens , malgré leur valeur ,
craindront eux-mêmes qu'un poste mal gardé , qu'une
brèche mal réparée ne les livre au pouvoir de leurs

vainqueurs. En un mot , tout est en faveur des Athéniens s'ils attaquent ; tout leur devient funeste s'ils
sont attaqués. Une bataille nous délivre des Perses
et du tyran qu'ils protégent ; un siége cause la ruine
d'Athènes , ou nous remet , tôt ou tard , sous le joug
des Pisistratides.

ARISTIDES,

L'avis de miltiades est celui de la sagesse et du
courage. Il pourvoit également à la gloire et à la sûreté d'Athènes ; Il est de l'honneur du conseil de
l'adopter sans balancer.

THÉMISTOCLES.

Ce n'est plus le moment de délibérer. Il faut
marcher , il faut combattrre. Peut-être dans quelques
heures n'aurons nous plus la liberté du choix.

ANTHISTÈNES.

Trop de précipitation amène souvent le répentir.
Il est permis à un peuple d'avoir une confiance généreuse dans ses forces et dans son courage ; mais la
présomption a perdu plus d'états que n'en a sauvé la
prudence. Avons-nous bien calculé les dangers et les
suites d'un combat ? nous avons armé tout ce qui
pouvoit servir à la défense d'Athènes ; et à peine
pouvons nous , réunis aux Platéens , former une
armée de dix mille soldats. C'est assez pour voir se
consumer devant nos murs toutes les forces de la
Perse ; mais suffiront-ils opposés dans les plaines de
l'Attique à plus de deux cent mille combattans ?

La cavalerie seule de l'ennemi est plus nombreuse
que notre armée toute entière. Vous savez que c'est
la principale force des nations de l'Asie , et la seule
de leurs troupes qui soit pour les nôtres véritablement
redoutable. Elle peut , dans une bataille , décider la
victoire en faveur des Perses. Elle leur devient inutile
ou plutôt à charge pendant les longueurs d'un siège ,
et dans ces campagnes naturellement arides que notre
prévoyance a déjà moissonnées. Pourquoi tourner à
l'avantage des Perses ce qui peut devenir une des
premières causes de leur défaite ? Si nous évitons le
combat, la disette et les maladies auront bientôt
affoibli leur armée. Nos ennemis , peu à peu, se dé-
truiront eux-mêmes ; et cependant nos alliés , revenus
de la première terreur qu'ont répandu la conquête
de l'Eubée et la ruine d'Erétrie , rougiront de nous
avoir abandonnés. Leur courage renaîtra par notre
résistance. Ils s'uniront aux Lacédémoniens dont
nous ignorons encore les intentions , et qui méritent
peut être que nous ne hasardions pas le salut de la
Grèce sans avoir attendu leur réponse. Tous ces
peuples joindront leurs efforts aux nôtres. Nous
fondrons tous ensemble sur les Perses , et il en coûtera
peu alors pour en délivrer à jamais notre patrie.

Les amis d'Hippias dont on craint ici la perfidie
ne sont pas aussi redoutables qu'ils le paroissent. Ils
forment des vœux pour notre ruine. Ils se réjouissent de nos pertes et s'affligent de nos succès. Ils
se plaignent , ils intriguent , ils murmurent ; mais
ils obéissent ; et il suffira de faire tomber la tête
du premier qui oseroit tenter quelqu'entreprise pour

que le reste soit tranquille et ne se déclare qu'après
'événement. Le succès ne peut-être douteux si nous
attendons. Il devient très-incertain si, au lieu d'éloi-
gner le péril, nous hâtons le moment d'y tomber.

(*Thémistocles et Aristides passent du côté de Miltiades.
Les autres géneraux se partagent de manière qu'il y a
cinq voix pour l'avis de Miltiades et cinq autres pour
l'avis d'Anthistenes. Callimaque reste seul au milieu.*)

MILTIADES.

Les suffrages sont partagés, vous pouvez seul, ô
Polémarque, en joignant votre voix à la nôtre,
prononcer sur la destinée d'Athènes. C'en est fait
de notre patrie si vous faites pencher la balance
en faveur du sentiment d'Anthistenes. On recon-
noîtra trop tard qu'il valoit mieux se fier au courage de dix mille citoyens que d'attendre de vains
secours et de compter sur de fausses espérances.....
Mais je vous voix balancer, Callimaque. Ne seriez-
vous plus ce héros si intrépide, si redoutable au
milieu des combats ? Votre bras seul fera plus aujourd'hui pour nous que ne pourroient faire dans
quelques mois toutes les forces réunies de la Grèce.

CALLIMAQUE.

Quelque soit le sentiment que j'adopte, je vois
de toutes parts de grands dangers et de foibles ressources. Malheur à moi si je désesperois du courage
de mes concitoyens..... Cependant il est permis
d'hésiter un moment quand d'un mot on peut perdre ou sauver sa patrie.

SCÈNE V.

TRASIMAQUE ET LES PRÉCÉDENS.

TRASIMAQUE, *s'adressant au Polémarque.*

Seigneur, quelques cavaliers envoyés à la découverte des Perses viennent de rentrer dans Athènes. L'ennemi n'est plus qu'à six mille de nos murs. Il s'est arrêté non loin des champs de Marathon pour laisser reposer les troupes et passer la chaleur du jour. Mais Hippias précipite leurs pas et les presse d'arriver à Athènes Les ordres sont donnés pour reprendre bientôt la marche, et dans quelques heures leur armée pourra facilement s'appercevoir du haut de nos murailles. Le peuple attend avec impatience la décision du conseil. Toutes les tribus sont en armes sur la place voisine et demandent à grands cris qu'on les conduise au combat. Un oracle de Minerve a tout-à-coup changé les esprits. La déesse a promis au peuple d'Athènes une éclatante et solemnelle victoire. Les voûtes de son temple retentissent de sons guerriers. Trois fois le bras de sa statue a soulevé sa terrible Egide et frappé la terre de sa lance redoutable. Ses prêtres parcourent nos rangs ; une ardeur généreuse anime et transporte tous les courages. Cependant le peuple respecte ses chefs et ne trahira point l'espoir qu'il a conçu de votre sagesse et de vos lumières. C'est en vous

qu'il

qu'il a placé sa confiance. Vous pouvez seuls éclairer son choix, et il n'entreprendra rien contre la délibération que vous aurez prise.

ANTHISTENES.

Puisque le peuple est encore capable d'écouter les conseils de la prudence ; arrêtons dans son origine une ardeur dont les excès peuvent lui être si funestes. Il faut réprimer ces premiers transports...

MILTIADES.

Il faut en profiter. Il faut lui ouvrir sur le champ les portes d'Athènes et le conduire à l'ennemi. Ne perdons pas les instans que les Perses consacrent au repos de leur armée, et tâchons de parvenir avant eux dans la plaine Marathon. On ne peut desirer une position plus favorable au petit nombre de nos soldats. O digne Callimaque, écarte de vaines terreurs et ne consulte que ton courage. Tu me vois à tes pieds ; au nom des dieux, au nom d'Harmodius qui a reçu mes sermens et les tiens, sauve ton pays, sauve ta gloire et celle de toute la Grèce.

CALLIMAQUE, *relevant Miltiades et se tournant vers Trasymaque.*

Que la trompette sonne le signal du départ. Dites à l'armée que nous marchons à Marathon, et qu'avant que le jour finisse, il faut que les Athéniens ayent vaincu les Perses.

F

SCÈNE VI.

LE POLÉMARQUE ET LES DIX GÉNÉRAUX.

CALLIMAQUE.

Jeune et sage Aristides, c'est à vous qu'appartient aujourd'hui le commandement de l'armée, et que les dieux ont réservé la gloire de nous conduire au combat. Mon autorité cesse en ce moment devant le vôtre. Mon devoir est de recevoir vos ordres et je vais à la tête de ma tribu m'efforcer de dignement les exécuter.

ARISTIDES.

Je n'abuserai point de la faveur que le hasard me destine. Je sais que la valeur et le zèle ne peuvent suppléer l'expérience et ne donnent pas toujours les lumières. Il faut aux Athéniens, dans ce jour mémorable, un chef dont l'âge ait mûri les talens et qui joigne l'habileté au courage. Je me sens capable de faire à ma patrie un sacrifice plus cher que celui de ma vie. Je renonce pour elle à l'ambition, à la gloire, à l'immortalité..... Miltiades, je te cède le commandement. Sois notre chef. Tu es digne de l'être. Tu sais depuis longtems comment on triomphe des Perses. Conduis nous au combat, et que la victoire qui a par-tout suivi tes pas couronne la fin de ta carrière...... (*Miltiades veut parler.*) Ne me refuse pas, Miltiades ; sois

aussi généreux que moi. Dans les extrémités où se
trouve notre patrie , il est permis à un grand homme
d'avouer sa supériorité ; comme il est beau de reconnoître sa foiblesse quand on aspire à le devenir.
L'armée attend. (*on entend dans l'éloignement le son*
de la trompette.) Déja le signal de toutes parts se
fait entendre. Viens que je te montre aux soldats.
C'est en présence de l'armée que je dois prouver
aux Athéniens que peut-être un jour je serai digne
de les commander.

Fin du troisième acte.

TROISIÈME INTERMÈDE.

Le fond du théâtre s'ouvre et laisse appercevoir dans la
place publique le front de l'armée Athénienne rangée
sous ses enseignes et prête pour le départ. Des femmes
et des enfans sont mêlés dans les rangs , font leurs
adieux aux soldats, et les exhortent à remplir leur de-
voir. Callimaque et sa tribu doivent être en évidence,
et placés de manière qu'ils puissent commencer la
marche. Un peu plus loin on voit Thémistocles et Aris-
tides qui se tiennent par la main , et font embrasser les
soldats de leurs tribus. L'armée fait face aux statues
d'Harmodius et d'Aristogiton , dont le côté doit en partie
être vuide.

(Miltiades , après avoir promené ses regards sur les
troupes , fait signe aux trompettes , et dit à haute
voix :)

M I L T I A D E S.

Athéniens ! il ne faut plus penser qu'aux ennemis.

Que les femmes et les enfans se retirent. Soldats, serrez les rangs. (*Les trompettes sonnent; aussi-tôt les femmes et les enfans quittent les rangs, et vont se placer auprès des deux statues d'Harmodius et d'Aristogiton.*)

Prêtres de Minerve, entonnez le cantique d'Harmodius, l'hymne à la liberté.

CANTIQUE D'HARMODIUS, (1)

OU

HYMNE A LA LIBERTÉ

LE PRÊTRE DE MINERVE.

D'Athènes, de sa liberté
Premier vengeurs et premières victimes,

(1) Athenée nous a conservé une chanson d'Harmodius, qu'on attribue a Callistrate, qui se chantoit à table et dans toutes les fêtes. Rien n'est plus simple que cette chanson. Mais elle rappelloit des idées de liberté si chères aux Athéniens, qu'on ne l'entendoit jamais sans enthousiasme. Presque tous les auteurs grecs l'ont citée, ou y ont fait des allusions. Outre le charme de la musique qui avoit tant d'empire sur les organes des peuples de la Grèce; la chanson d'Harmodius a dans l'original ce qui tient à la beauté de la langue, cette harmonie de sons, cette grâce et cette force d'expression qu'il est si difficile de transporter dans la nôtre. J'ai tâché, autant que le comportoit mon sujet, d'en faire passer dans mes vers les deux principales idées; celle qui

Vous dont l'intrépide fierté
Osa d'un tyran redouté
Braver l'audace, en punissant les crimes ;
Nouveaux dieux, nouveaux protecteurs,
De vos transports sublimes
Echauffez, embrasez nos cœurs.

suppose qu'Harmodius et Aristogiton, en mourant pour
la liberté, avoient été reçus dans le séjour des demi-dieux,
et l'autre qui rappelle les honneurs que les Athéniens
rendirent à leur mémoire et à leurs descendans.

Voici cette chanson traduite par M. Larcher dans ses
notes sur Hérodote :

» Parmi les branches de myrte, je porterai une épée,
» de même qu'Harmodius et Aristogiton, lorsqu'ils tuè-
» rent le tyran, et qu'ils établirent l'Isonomie dans
» Athènes.

» Heureux Harmodius, non, vous n'êtes point mort :
» on dit que vous êtes dans les isles des bienheureux
» avec Achilles aux pieds légers, et Diomèdes fils de
» Tydée.

» Parmi des branches de myrte, je porterai une épée,
» de même qu'Harmodius et Aristogiton lorsque dans
» les Panathénées ils tuèrent le tyran Hipparque.

» Votre gloire ne périra jamais, heureux Harmodius,
» et vous Aristogiton, parce que vous avez tué le tyran,
» et rétabli l'Isonomie dans Athènes »

Isonomie veut dire égale distribution, égalité.

(Hist. d'Hérodote, traduction de M. Larcher, notes,
liv. V, T, IV.)

L'Armée.

Nouveaux dieux. nouveaux protecteurs,
De vos transports sublimes
Echauffez, embrasez nos cœurs.

(En finissant les trois derniers vers, les soldats frappent leur boucliers avec le fer de leurs lances.)

Une autre voix.

Entends, Harmodius, entends le bruit des armes:
C'est Athènes et ses guerriers
Qui se lève, en ce jour d'alarmes,
Pour t'immoler tes lâches meurtriers.

L'Armée, *en frappant ses boucliers.*

Entends, Harmodius, entends le bruit des armes.

Une voix seule.

Si dans les cieux la vengeance a des charmes,
Viens avec Mars, Dieu des combats ;
Viens, et de nos soldats
Dans le cœur des tyrans guide, enfonce les bras.

L'Armée.

Entends Harmodius, entends le bruit des armes ;
C'est Athènes et ses guerriers
Qui se lève en ce jour d'alarmes,
Pour t'immoler tes lâches meurtriers.
Entends Harmodius, entends le bruit des armes.

UNE VOIX SEULE.

Ce n'est plus par d'indignes pleurs,
C'est par les chants de la victoire,
Qu'il faut payer à ta mémoire
Le tribut d'éternels honneurs
Qu'Athènes consacre à ta gloire.

LES FEMMES ATHÉNIEMNES.

Aux tyrans, à leurs défenseurs,
Hommes libres, partez, allez, faites la guerre.
Ne quittez les glaives vengeurs
Qu'après avoir purgé la terre
De la race des oppresseurs.

L'armée part, et défile en chantant les vers suivans :

Aux tyrans, à leurs défenseurs
Faisons une éternelle guerre,
Ne quittons les glaives vengeurs
Qu'après avoir purgé la terre
De la race des oppresseurs.

Fin du troisième intermède.

ACTE IV.

SCÈNE PREMIÈRE.

EUTERPE.

Dieux ! qu'il en coute à une mère d'étouffer dans soncœur les sentimens de la nature ! je connois tous les sacrifices qu'une Athénienne doit à la gloire de sa patrie. Je serois morte de douleur et de honte si mon fils ne se fut pas montré digne d'elle. Mais je ne puis penser sans frémir que peut-être en ce moment j'ai perdu la consolation , l'honneur et le soutien de ma vieillesse. Je connois sa téméraire audace · et l'impétuosité de son courage. Sa place dans les combats est par·tout où se troúvent les plus grands dangers. O dieux protecteurs d'Athènes ! conservez moi les jours de Thémistocles. Conservez les à l'Etat dont il doit tre un jour le vengeur et l'appui. Pardonnez-moi les larmes que je répands et les inquiétudes qui m'agitent. Je sais que le salut de mon pays devroit m'occuper toute entière. Les armées sont aux mains. Peut-être la valeur a-t-elle succombé sous le nombre ? Ah ! si les destins ont prononcé la ruine d'Athènes , qu'ai-je besoin de fatiguer le ciel de mes vœux et de mes prières ? Thémistocles ni sa mère ne survivront pas à la liberté de leur patrie. . · Mais qui s'approche ? qui pourra m'apprendre des

nouvelles de l'armée. . . . . je n'entends et je
ne vois personne. . . . . Quel lugubre silence
a succédé au bruit des armes et au départ de nos
guerriers ! quelques veillards laissés avec Mnésiphile
à la garde de la ville, des enfans éplorés, des femmes
prosternées dans les temples ou renfemées dans leurs
tristes demeures , voilà donc tout ce qui reste dans
ces murs des malheureux habitans d'Athènes. . . .
Allons, je ne puis rester plus long-tems dans cette
cruelle incertitude. . . . mais j'apperçois Mnésiphile. Une sombre inquiétude est peinte sur son
visage.

SCÈNE II.

MNÉSIPHILE, EUTERPE.

EUTERPE.

Que me venez-vous annoncer de sinistre , ô sage
Mnésiphile? connoît-on déjà le succès du combat ?
parlez : en est-ce fait de la liberté d'Athènes ?

MNÉSIPHILE.

Son sort se décide en ce moment. Un courrier
envoyé par Miltiades , vient d'annoncer que tout étoit
disposé pour le combat et qu'à son départ les deux
armées étoient en présence et n'attendoient plus que
le signal. Nos troupes sont arrivées à tems pour pré-
venir les Perses et s'emparer du champ de Marathon.

Elles se sont placées dans cet endroit où la plaine, en se
rétrécissant, peut permettre à dix mille combattans
de se mesurer sans trop d'inégalité avec la plus nombreuse armée. L'habile général a sçu profiter de sa
position et saisir tous les avantages. L'ardeur et la
confiance remplissoient tous les cœurs. Miltiades
espéroit la victoire. Votre fils Thémistocles parcou-
roit les tribus et la promettoit aux soldats. Mais qui
peut se défendre d'un mouvement d'inquiétude et de
crainte dans un moment où il s'agit de la destinée de
tout un peuple ? . . . Cependant, un autre
objet exige maintenant tout mes soins et occupe mon
ame toute entière. . .) *il regarde autour de soi*) . .
je devois les trouver à leur poste. . . le tems s'avance ;
ils ne viennent point encore.

E U T E R P E.

Qui ? de quelles gens parlez-vous Mnésiphile ?

M N É S I P H I L E.

Les voici ! (*Plusieurs hommes entrent tenant à la main
des flambeaux allumés. Mnésiphile leur parle en secret
et les place aux extrémités de la place publique*)·

E U T E R P E.

Dieux ! que veulent ces hommes ? quel est votre
dessein, Mnésiphile, que signifient ces torches en-
flammées ?

M N É S I P H I L E.

Elles doivent servir à exécuter les dernières volontés

du peuple d'Athènes. L'armée a pris sur le champ de bataille une résolution courageuse et unanime. Si la victoire se déclare pour les Perses , le peuple ne veut pas que ce qu'il laisse ici de plus cher devienne la proie des barbares et que ces murs servent une seconde fois de séjour à la tyrannie. Nous avons tous juré qu'il n'entreroit plus de tyrans dans Athènes. S'ils sont vainqueurs , ils ne régneront que sur des cendres. Des courriers sont distribués sur la route et doivent en peu de tems m'annoncer l'évènement du combat. Si nous sommes vaincus , j'ai ordre de faire transporter les veillards , les femmes , les enfans et ce que nous avons de plus précieux , à Salamine et à Trézènes , de livrer ensuite la ville aux flammes et de ne me retirer que lorsque je serai sûr que rien n'échappera aux progrès de l'incendie.

EUTERPE.

O douleur! ô jours terribles et funestes !

MNÉSIPHILE.

Les débris de l'armée doivent se replier sur Platée et s'enfoncer ensuite dans le Péloponèse où réunis aux Lacédémoniens , nous reviendrons une seconde fois disputer aux Perses le sol de l'Attique , et l'empire de la Grèce. Pour moi, je remercie les dieux d'avoir été jugé , dans ma vieillesse , capable d'exécuter cette périlleuse entreprise. Déjà les charriots sont rassemblés près du temple de Minerve ; le peu de galères qui sont armées dans nos ports n'attendent que le signal : vous voyez ici les torches préparées. J'ai parlé aux vieillards qui sont restés sous mes ordres ; mais j'ai besoin de votre secours, Euterpe, pour faire consentir les femmes Athéniennes à abandonner leurs demeures. Je sais ce qu'il en coûte pour quitter les lieux de sa naissance, et se transporter dans une terre étrangère. Mais la patrie pour des Athéniennes est par-tout où se trouveront l'égalité, le repos et la liberté. Vous avez déjà su, par vos discours et par vos exemples leur inspirer des sentimens dignes de la patrie. Redoublez auprès d'elles vos généreux efforts. Parlez, exhortez, conjurez. Que les familles qui veulent être transportées dans l'isle de Salamine se rassemblent sur le port auprès de nos vaisseaux ; que celles qui préfèrent de se rendre à Trezenes se trouvent à la porte qui conduit à cette ville. J'espère que ces préparatifs seront inutiles, et que la victoire nous dispensera d'employer cette dernière et fatale ressource. Mais si la fortune nous est contraire, nous n'aurons que peu d'instans. Il faut que tout soit prêt, que tout parte au premier signal, et qu'aucun obstacle ne puisse s'opposer au grand dessein que je dois exécuter.

E. U T E R P E.

Malheureures épouses ! mères infortunées ! il faudra donc que nous allions, tristes objets de mépris ou de pitié, traîner dans l'exil des jours d'opprobre et de deuil, et rendre témoins de notre honte tous les peuples de la Grèce ? Ah ! plutôt périr mille fois que d'acheter la vie par ces humiliantes ressour-

ces ! Si le ciel a voulu qu'Athènes périsse dans les
flammes, il faut y ensevelir avec elle ses malheureux
habitans. Notre mémoire passera sans tache à la pos-
térité ; et il vaut mieux pour Athènes que son nom
soit effacé du nombre des peuples de la terre, que de
voir ses enfans vivre inconnus, ou méprisés dans
l'isle de Salamine, ou dans les murs de Trezènes.

MNÉSIPHILE.

Votre fils y sera. C'en est assez pour faire respecter les Athéniens, et conserver avec honneur
le nom de sa patrie. Ne reconnoissez-vous pas Thémistocles à ce dessein que lui seul a pu concevoir et faire
adopter à toute l'armée ? Tant qu'il vivra, il sera
toujours permis d'espérer du salut et de la gloire
d'Athènes. Il a tout fait aujourd'hui pour empêcher
sa ruine ; mais s'il ne peut la sauver, il la fera renaître
de ses cendres. Il suscitera contre ses vainqueurs
toutes les nations, toutes les villes, tous les hommes
qui ont dans le cœur la haine des tyrans et l'amour de
la liberté. Son courage et son nom auront bientôt en-
fanté de nouvelles armées, et les Perses ne jouiront
pas long-tems du fruit de leur victoire.... Pardonnez,
mais j'ai cru que sa mère ne refuseroit pas de concourir à ce dernier moyen que tentera son courage.
J'ai pensé que vous l'aideriez à remplir ses grandes
destinées

EUTERPE.

Ah ! vous me voyez prête à faire tout ce que vous
exigerez. Si mon fils survit au combat, je supporterai

avec lui le fardeau de la vie. J'irai. Je parcourrai les
villes de la Grèce. j'animerai les peuples à venger la
cause de la justice et de la liberté , et peut-être je
ne mourrai pas sans avoir vu les tyrans punis et nos
malheurs réparés. je cours exécuter vos ordres. Je
vais parler aux femmes athéniennes. Je veux employer auprès d'elles tous les moyens qui m'ont déjà
réussi pour élever leurs cœurs et ranimer leurs espérances.... Mais que nous veut ce vieillard ?

SCÈNE III.

MNÉSIPHILE , EUTERPE , UN VIEILLARD.

LE VIEILLARD.

Sage Mnésiphile , on apperçoit du haut des murs
un corps de troupes considérable, qui s'avance à
grands pas vers Athènes. L'éloignement et l'obscurité
de la nuit qui s'approche ont empêché jusqu'ici de
les reconnoître. leurs rangs serrés, et l'ordre qu'ils
suivent dans leur marche , feroient croire que ce
sont des Grecs. Mais nous craignons plutôt que ce ne
soit un détachement de la nombreuse armée des
Perses , envoyé pendant le combat pour surprendre
Athènes , ou l'emporter malgré notre résistance.
Quarante d'entre nous ont marché vers la porte qu'ils
menacent. Le reste attend vos ordres , et se prépare
à disputer , jusqu'au dernier soupir , l'entrée de la
ville aux ennemis.

MNÉSIPHILE.

Je vais marcher à leur tête. Si ce sont les Perses ; nous avancerons les machines ; nous réunirons tous nos efforts pour défendre le poste qu'ils attaqueront, et il faudra qu'ils passent sur nos corps pour parvenir dans Athènes.

EUTERPE.

Je veux vous suivre, Mnésiphile. Je conduirai, s'il le faut, les femmes athéniennes sur les murailles, et nous périrons à vos côtés.

MNÉSIPHILE.

Demeurez, Euterpe ; je vais tout examiner par moi-même, et je vous informerai à tems de ce que j'aurai pu découvrir. (*A ceux qui portent des flambeaux*) suivez pas-tout. mes pas, et ayez sans cesse les yeux fixés sur le signal que je vous indiquerai.

SCÈNE IV.

EUTERPE.

Tous les chagrins, toutes les inquiétudes semblent donc aujourd'hui devoir être notre partage. Le danger s'accroît à mesure que les ressources nous échappent. Dieux! à combien de malheurs l'ambition de quelques tyrans expose-t-elle les peuples! Faudra-t-il donc que, pour l'intérêt d'un petit nombre d'usurpateurs, les hommes se déchirent sans cesse entr'eux comme des bêtes féroces! De quel droit Hippiasprétend-il être, malgré nous, le souverain d'Athènes? L'Attique est-elle donc le patrimoine des Pisistratides? La terre appartient à ceux qui la rendent féconde ; et par-tout ce sont les tyrans qui ensanglantent, qui désolent la terre. Le monde seroit tranquille si leur race étoit éteinte.... Mais je crois entendre pousser des cris de joie. Le bruit des applaudissemens se mêle au son des instrumens guerriers... Est-ce vous Mnésiphile? Les dieux seroient-ils justes une fois? La liberté a-t-elle enfin triomphé de la tyrannie?

SCÈNE V.

EUTERPE, MNÉSIPHILE.

MNÉSIPHILE.

Ce n'est point encore la nouvelle du combat. Mais, s'il nous avoit été contraire, nous pourrions le recommencer avec le secours que le ciel nous envoye. Ce sont les Lacédémoniens qui arrivent à notre défense. Dignes rivaux d'Athènes, ils ont appris les malheurs dont nous étions menacés, et ils ont marché nuit et jour pour venir se joindre à notre armée. L'amour de la gloire et de la liberté leur a donné des ailes ; ils ont fait 70 lieues en trois jours. ils redoublent leur marche, en apprenant que nous sommes, en ce moment, aux mains avec les Perses. Ils voudroient gagner Marathon avant la fin du combat....

(On

(On entend le bruit des instrumens de guerre qui battent
une marche rapide.) Vous les entendez qui s'approchent. Ils traversent Athènes au milieu des acclama-
tions de nos femmes et de nos enfans. Les voici. Dieux !
quelle mâle contenance, et qu'il est beau de voir la
Grèce défendue par d'aussi braves guerriers !.. (*On*
apperçoit daus le fond du théâtre l'armée lacédémonienne
qui traverse à grands pas la place publique. Tout à-coup
les instrumens cessent de battre et l'armée s'arrête.) Mais
qui peut tout-à-coup suspendre leur marche ?... Quel
est cet homme qui accourt couvert de sueur et de
poussière ?... Ah ! notre sort est décidé. C'est Trasymaque. Le peuple se précipite en foule sur se pas.

SCÈNE DERNIÈRE.

MNÉSIPHILE , EUTERPE , *l'armée lacédémo-*
nienne qui revient sur ses pas avec TRASYMAQUE ,
le peuple composé de vieillards en armes, de femmes et
d'enfans.

TRASYMAQUE *arrive en courant et crie:*

. Les Athéniens sont vainqueurs. Hippias est mort.
Athènes est libre , citoyens ; vive la liberté !

L E P E U P L E *repète.*

Vive ! vive la liberté !

(*Le peuple se range d'un côté du théâtre, l'armée lacédé-*
monienne se range de l'autre , formant un demi cercle

G

autour de Trasymaque, auprès de qui sont Mnésiphile et Euterpe. Trasymaque, après avoir essuyé sa sueur et repris haleine, continue.)

TRASYMAQUE.

Le nom de Miltiades est immortel. Nous devons la victoire autant à son habileté qu'à notre courage. Les Athéniens se sont montrés dignes de leur général. il avoit tout prévu, tout disposé pour le succès. Il ne falloit que lui obéir pour vaincre ; et tout ce qu'il a voulu nous l'avons exécuté. Il s'est trouvé partout : il n'a pas épargné ses jours : mais les dieux l'ont conservé à notre reconnoissance.

EUTERPE.

Et Thémistocles, et mon fils ?

TRASYMAQUE.

Il vit. Il s'est couvert de gloire. Aristides seul peut lui disputer le prix de la valeur. (*Se tournant vers les autres femmes.*) Nous avons perdu peu de monde ; cependant nos pertes sont considérables. Cynégire, Episèle, Stésilée et le brave, l'intrépide Callimaque ont péri dans le combat.

LE PEUPLE.

Notre digne Polémarque est mort ? O malheur ! ô perte irréparable !

Trasymaque.

Sa mort a coûté cher aux barbares. Vous savez que, par une loi d'Athènes, l'aile droite de l'armée doit être commandée par le Polémarque, et que c'est à lui qu'appartient l'honneur de marcher le premier à l'ennemi. La tribu Œantide s'est ébranlée la première sous les ordres de Callimaque. Elle avoit en présence ces Mèdes, que leurs cris féroces, leur taille gigantesque et leur habillement extraordinaire ont long-tems rendus redoutables à toutes les nations de la Grèce. Ils croyoient que nous n'oserions soutenir leurs regards, et ils ont été en un moment enfoncés, poursuivis, terrassés ou mis en pièces. Hippias est en vain accouru avec l'élite de l'armée pour soutenir les Mèdes et les ramener au combat. Il a tombé lui-même sous le bras de Callimaque qui, plus rapide que la foudre, s'étoit élancé sur lui dès qu'il l'avoit apperçu. Envain mille glaives ont voulu protéger la tête d'Hippias, et le dérober au coup qui le menaçoit. Callimaque a renversé tous les obstacles et vengé sur le tyran les injures de sa patrie. Mais son courage l'avoit emporté trop loin au milieu des ennemis. Notre ardeur n'avoit pu suivre la sienne. Entouré, pressé de toutes parts par les Pisistratides et leurs lâches amis, le brave Polémarque a succombé sous le nombre. Nous ne sommes arrivés que pour venger sa mort en lui immolant tout ce qui n'a pas fui devant nous.

G 2

L'aile gauche de notre armée où Thémistocles et Aristides avoient réuni leurs tribus opéroit les mêmes prodiges et avoit obtenu les mêmes avantages. Le centre seul avoit peine à soutenir les efforts redoublés des Saces et des Perses. Il commençoit à plier ; et la victoire alloit nous échapper. Mais le génie de Miltiades veilloit sur tous les points de son armée. Il a fait cesser notre poursuite et ramené ses deux ailes victorieuses au combat. Alors les Perses ont été attaqués de tous les côtés à la fois. Le carnage a été horrible. Ils n'ont pu nous opposer qu'une inutile résistance. Tout a cédé ; tout a pris la fuite pour regagner ses vaisseaux. Nos tribus les poursuivent, et lorsque Miltiades m'a fait quitter l'armée pour vous apporter la nouvelle du combat, la liberté d'Athènes étoit assurée. Tous ses ennemis étoient morts ou vaincus.

LES LACÉDÉMONIENS, *s'écrient.*

Périssent ainsi tous les tyrans ! gloire ! honneur au peuple d'Athénes qui a vaincu pour la liberté !

LE GÉNÉRAL *Lacédémonien.*

Athéniens, votre victoire sera célébrée dans tous les âges et par tous les peuples. Pardonnez-nous d'envier, non votre gloire, mais l'honneur d'avoir pu combattre et vaincre avec vous. Un jour peut-être de nouveaux dangers réuniront les enfans de Sparte aux héros d'Athènes. Nous tâcherons, Athéniens ; de défendre la liberté de la Grèce , comme vous avez aujourd'hui défendu la vôtre. Nous n'interromprons point notre marche ; nous voulons aller à Marathon embrasser vos guerriers , admirer leurs exploits et contempler sur la poussière les corps de vos ennemis.

MNÉSIPHILE.

Et nous , allons remercier les dieux et préparer des lauriers à nos braves concitoyens. Nous donnons en ce jour un grand exemple aux peuples à venir. Si une seule ville de la Grèce a pu lutter contre la puissance du roi des Perses , et défendre sa liberté contre toutes les forces de l'Asie , que ne devront pas espérer de leurs efforts des nations plus nombreuses et plus puissantes que la nôtre. La journée de Marathon prouvera dans tous les siècles qu'un peuple n'est esclave que quand il manque de courage, et que celui qui , après avoir recouvré sa liberté , consentiroit à recevoir des loix et à retomber sous la tyrannie , mériteroit d'être appellé le plus lâche et le plus vil des peuples.

FIN.

ERRATA.

Personnages , au bas de la page 6 , ⸺ *à droite la façade d'un temple , etc.* lisez : *la façade du temple d'Eleusis aux deux extrémités de laquelle sont les statues , etc.*

Premier intermède , page 26 , ligne 2 , ⸺ *l'intérieur d'une salle , etc.* lisez : *l'intérieur du temple d'Eleusis peu éclairé et sans décoration , où se rendent les initiés pour célébrer les mystéres , etc.*

A PARIS , de l'Imprimerie du CERCLE SOCIAL ,
rue du Théâtre-François, n°. 4.

Lightning Source UK Ltd.
Milton Keynes UK
UKHW022001131118

332286UK00007B/258/P